唤醒孩子的内驱力

王佳／编著

吉林文史出版社
JILIN WENSHI CHUBANSHE

图书在版编目（CIP）数据

唤醒孩子的内驱力 / 王佳编著 . -- 长春 : 吉林文史出版社 , 2023.5

ISBN 978-7-5472-9142-9

Ⅰ . ①唤… Ⅱ . ①王… Ⅲ . ①家庭教育 Ⅳ . ① G782

中国版本图书馆 CIP 数据核字 (2022) 第 196651 号

唤醒孩子的内驱力

HUANXING HAIZI DE NEI QU LI

编　　著　王　佳
出 版 人　张　强
责任编辑　张雅婷
封面设计　郑金霞
出版发行　吉林文史出版社
地　　址　长春市净月区福祉大路 5788 号出版大厦
印　　刷　天津海德伟业印务有限公司
开　　本　640mm × 910mm　　1/16
印　　张　12
字　　数　107 千
版　　次　2023 年 5 月第 1 版
印　　次　2023 年 5 月第 1 次印刷
书　　号　ISBN 978-7-5472-9142-9
定　　价　69.00 元

前言

PREFACE

2021年，随着“双减”政策的重锤落地，教育生态发生了重大变化。政策明确指出，严禁超标超前培训，不得利用双休日及假期对中小学生进行学科类补习。没有了补习班这个有利的“鸡娃”工具，让本就长期处在育儿焦虑中的中国父母变得更加焦虑了。

没有了课后辅导班，孩子的学业落后了怎么办？

没有了大量的作业，孩子学习跟不上怎么办？

孩子拥有了更多的空闲时间，成天玩手机、打游戏怎么办？

以后考不上大学，找不到好工作怎么办？

……

焦虑蒙蔽了家长的双眼，让家长以为，孩子的未来要靠成绩来支撑。但事实上，那些有所成就的人，或是在某一个领域出类拔萃的人，并不见得都是“学霸”似的人物。他们只是做到了狂热地去追求自己喜欢的事物。

2021 年的达摩青橙奖名单公布后，曾经因为一段拿着矿泉水瓶接受采访的视频而走红的韦东奕再次出现在人们的视线里。

达摩青橙奖是专为 35 岁以下，获得杰出成就的青年学者而设立的公益奖项。此次的获奖者包括韦东奕在内，一共有 10 名青年研究学者，每个人都获得了 100 万元的奖金。

当被问到获得了这 100 万元的奖金后，都想做些什么时，韦东奕的答案是：“存银行，然后回到北大继续教书，做研究。”

而另一个女科学家赵慧婵的回答是：“用这笔钱来扩大实验室，这样，学生们就有更加宽敞的地方做试验了。”

韦东奕和赵慧婵所研究的领域不同，但是他们所做出的选择却出奇一致，那就是不管获得了什么，最终他们都会回归到自己所研究的领域中，继续前行。

古往今来，像韦东奕和赵慧婵这样的人物还有很多。苹果公司的创始人乔布斯从小就对电子设备十分着迷，无论是电子厂淘汰掉的废弃零件，还是从爸爸的旧汽车上拆下来的电子仪器，都能令他爱不释手，他经常缠着父亲问这问那。当他无法从父亲或是其他人那里得到满意的答案时，他便开始自学高级电子学。

具备了一定的知识储备量后，乔布斯便开始发明创造了，他用旧零件组装出新设备，然后再卖给他人，赚取的零花钱又被他买了书，用来继续学习。

还有《昆虫记》的作者法布尔，他从小就对昆虫十分痴迷，经常利用放鸭子的时间在池塘边观察昆虫。有一次，为了捉一只蜗牛，他的裤子湿了，衣袖也破了，但是他却毫不在意。成年以后，法布尔还是时常趴在田间小路旁，一动不动地观察昆虫，一趴就是大半天。周围的人说他是“神经病”他也听不到，全部身心都扑在了昆虫身上。为了研究蝉的生理特点和生活习性，他花了整整 15 年。他从 8 岁开始，一直到 92 岁离开人世，他一直在与昆虫打交道。

不管是韦东奕、赵慧婵，还是乔布斯和法布尔，这些人之所以能够成功，是因为他们体内拥有着源源不断的动力始终推动着他们追求卓越，这源源不断的动力就是内驱力。

内驱力，是一种能够调动起一个人的全部力量，使之能够不断学习和探索的动力。那对于我们的孩子而言，拥有了内驱力，就可以让他们离成功更近。有内驱力的孩子，在面对目标时更加坚定，也更加有信心。内驱力会让他们拥有持久的动力，支撑他们坚持去钻研一件事情，直到他们取得傲人的成绩。

每个人都有内驱力，只是觉醒的时间不同。有的人比较幸运，在很小的时候，内驱力就被父母唤醒了，他们早早地找到了自己的兴趣所在，为了实现人生目标，一往无前，势不可当，他们的一生都在因内驱力的觉醒而受益。

而有的人则要到成年以后，通过一些机缘巧合才能唤醒自己的内驱力，从此人生打开新的篇章。就拿我自己来说吧，直到 20 多岁，才发现写作是我的内驱力。而在此之前，我一直在人生的道路上兜兜转转，无论是大学所学的专业，还是毕业后的第一份工作，都与写作无关，努力去学习和工作的原因，不过是为了生存。直到开始写作，我才发现，原来人喜欢做一件事情时，可以做到不问前程，只专注于当下。

当然，在唤醒内驱力这方面，还有比我晚的人，摩西奶奶到了 77 岁才开始画画，但这也不算晚。最怕的是庸庸碌碌活了一辈子，内驱力从未觉醒过。

作为父母，我们当然希望孩子的内驱力能够从小就被唤醒，使他们也能够成为像韦东奕、赵慧婵，甚至是乔布斯、法布尔一样的成功人士。因此，从我的两个女儿出生后，我就开始致力于唤醒她们的内驱力。

现在大女儿已经上大学了，上的是她一直心之所向的北京大学，读的是她最喜欢的文学专业。二女儿正在上高中，她学的是理科，尽管她的文科也同样优秀，她的梦想是当一名舞蹈家。现在以她的文化课成绩来看，她极可能考上她理想中的学府。

我的两个孩子都在她们所喜欢的领域中，持续发力并努力着，我认为是内驱力起到了关键的作用。

在培养孩子内驱力的过程中，我有成功的时候，也有失败的时候，还有当时迷茫，事后找补的时候。我逐渐总结出，唤醒孩子的内驱力，是一个漫长而复杂的过程。单从一方面发力，是达不到效果的，它需要多方面综合用力。

起初是父母的认可和接纳，让孩子的内驱力拥有了小小的火苗，有了这点微弱的光，再综合孩子的好奇心、想象力、责任心、爱心、自信心、抗挫能力等方面的作用力，才能使内驱力像一团火一样不断燃烧。

同时，每个孩子都不一样，他们都是独立的个体，没有一种教育方法可以适用于所有的孩子。在唤醒孩子内驱力的过程中，我也会借鉴其他父母的方式，也会学习一些专家的理论，然后再结合自己孩子的实际情况，为他们“量身定做”适合他们的方式。

本书从多个方面阐述了如何培养孩子的内驱力。愿每一位读到此书的家长，都能够从中找到唤醒孩子内驱力的方法。

目录 CONTENTS

第一章

内驱力：激发孩子努力向上的生长力

有一种力量，
能够让孩子不用父母催促，
就主动坐在书桌前；
能够让孩子遇到了难题，
也不愿意放弃；
能够让孩子破除千难万阻，
也要执着于追求热爱，
这种力量，
就是内驱力，一种激发孩子努力向上的生长力。

唤醒内驱力的前提是，要接受孩子的平凡

《颜氏家训》中说："上智不教而成，下愚虽教无益，中庸之人，不教不知也。"其中，"中庸之人"指的就是大部分平凡的普通人，这类人需要精心培养，他们的潜能才能得到很好的挖掘和释放，才有机会成为某个领域中优秀的人才。

而大部分的孩子都属于"中庸之人"。上智者有没有呢？有，但是很少。那些从生下来就拥有极强内驱力的孩子，可遇而不可求。我们大多数人的孩子，都是普通而又平凡的孩子，他们的内驱力需要父母花点心思，用点技巧，一点儿一点儿地去唤醒。

只有明确了这个前提，我们在唤醒孩子内驱力的过程中，才不会操之过急，才能用平和的心态去对待孩子，从而为孩子内驱力的成长提供良好的"土壤"环境。

我认识一个毕业于清华大学的妈妈，她曾直言道："我无法接受我儿子考不上清华，我和他爸都是清华毕业，他的起点就比别人高了。实在不行，那就出国，就算出国那也得上常青藤名校。"

这位妈妈就是无法接受孩子平庸的典型。在她的规划之下，孩子学习了多门课程，编程、奥数、写作……每个周末，孩子的时间都被安排得满满当当。我也见过她家的孩子，面对妈妈报的各门课程，孩子并未表现出极大的兴趣，尤其是奥数，孩子甚至有些抵触。有一次，孩子妈妈辅导孩子做数学题，孩子总是听不懂，孩子妈妈气急败坏地说："我们怎么就生出你这么笨的孩子？"

好不容易做完了妈妈留的所有题目，孩子想要看一会儿平板电脑，刚拿起电脑，孩子的妈妈就训斥道："写作业的时候不积极，看电脑的时候从来不用催。你什么时候能把看电脑的热情用在学习上，我就不用这么费劲儿了。"

其实，这个孩子就跟其他大部分孩子一样，虽然没有极高的天赋，但头脑也不笨，有时候能表现出自觉主动的一面，但更多时候，需要父母对其进行引导。

如果父母无法接受孩子就是一个平凡的普通人，那么就会不由自主地对孩子产生高期待，认为孩子无论做什么事情，都能够做到自觉主动，并且一学就会，不需要父母费劲儿。当期待一旦过高，孩子又无法达到时，就会对孩子产生负面影响。

首先，父母就会感到焦虑。一旦父母产生了"焦虑"的情绪，就会忽略了孩子的感受，不断地给孩子"施压"。明明孩子学习了一天已经很累了，但是在父母看来还是不够，还应该继续学，只有这样才能做到“笨鸟先飞”。但实际上，当孩子已经产生疲惫的情绪时，他的内驱力就已经不足了，若是在父母的逼迫下勉强继续学习，也只会透支孩子的内驱力。

当父母感到焦虑时，他们就会对孩子其他方面的优势视而不见，认为孩子一无是处。事实上孩子在一方面缺少内驱力时，不代表他在其他方面也缺少内驱力，只是焦虑让父母无法看到而已。

而充满焦虑的父母，是无法唤起孩子的内驱力的。父母要想做到不焦虑，首先要接受孩子的普通，这样就不会对孩子产生过高的期待，当孩子出现懈怠、不自觉的行为时，父母不会感到焦躁，能够静下心来分析这背后的原因，从而对孩子进行引导和帮助。

我家的两个女儿，在很多父母眼中已经足够优秀。但她们也并不是生下来就这么优秀，整个成长过程中，她们所表现出来的种种行为就是“中庸之人”。

就拿大女儿来说，她三四岁的时候，也有贪玩不愿意洗漱的时候；上了小学后，也有贪玩不愿意写作业的时候；上了初中后，也有单科成绩差，学习能力跟不上的时候……最初，当她出现种种缺乏内驱力的行为时，我也曾感到焦虑，也会忍不住批评她。但是批评带不来任何改变，只会让“不主动”变成了“被动”。

直到我看到北大丁教授在谈及自己的孩子时，说道：“不管你多么优秀，你的孩子大概率会是一个普通人。要认识到这一点，并且学会接受，必是对于谁都好。”

看到这句话，我就释然了。丁教授 6 岁就可以背下整本新华字典，他的妻子也是北大的高才生，但是他们的孩子的成绩却一般般。丁教授起初也是对孩子“满怀期待”，但在辅导孩子写作业时，也一度辅导到怀疑人生，最后“不得不接受现实”。

其实，在教育孩子这件事情上，父母的心态比学历更加重要。

我发现，在我释怀后，情绪就不容易焦虑，在平和的心态下，我们反而能够看清前路。

接受孩子的平凡，努力提升自我

从表面上看，父母的焦虑是因为孩子缺少内驱力，但问题的根本不在于孩子，而在于父母自身。当父母对社会的认识过于肤浅，对自身的认识不够深入全面，并且自身拥有根深蒂固的虚荣心时，就很容易在育儿过程中感到焦虑。

现在社会发展迅速，很多曾经的经验放在当下社会中，已经无法适用。这就会令家长感到迷茫，不知道自己要怎样培养孩子，孩子才能适应社会未来的发展方向。同时，父母对自身的教育能力缺乏正确的认知，一方面没能继续学习跟孩子一起成长，另一方面又不了解孩子的成长真正需要什么。在眉毛胡子一把抓的混乱当中，很难不感到焦虑。再加上很多父母期望孩子“青出于蓝而胜于蓝”，只是为了让孩子成为自己炫耀的资本。孩子优秀，自己脸上有光；孩子逊色于人，则让自己脸上无光。

而以上这些，都是我们在升级当父母后，“内存”不足的表现。想要扩充“内存”，只有持续学习一条道路。不管是从书本上学习，还是借鉴他人的有效经验，都是学习的方式，也都能够让父母实现不同程度的提高。

我们只有提高自己的文化素养，才能为孩子带来更多的知识；

只有成为更好的父母，才能弥补自己在育儿过程中出现的不足之处，成为孩子学习的榜样。

优秀的父母，是能够自我省察、自我教育的父母，是能够意识到自己的不足之处，并且通过学习去弥补的父母。只会督促孩子前进，而自己却始终原地踏步的父母，大概率上是无法培养出优秀的孩子的。

接受孩子的平凡，要拥有“等得起”的心态

孩子的成长，有自身的规律和节奏。他们不是机器，无法保证自己能够做到“始终如一”，也不能保证自己能够像流水线上的产品一样，只需要几道工序，就能够达到标准的水平。

很多时候，父母觉得孩子这做得不好，那也做得不好，不是孩子真的不好，而是父母太过于着急，等不及孩子长大，也等不及孩子慢慢变好。尤其是在看到其他同龄小孩儿越发优秀的时候，就更加忍不住想要自己的孩子“快马加鞭”起来。但是，再好的马儿也不能一直跑，孩子需要休养生息，需要一些时间去寻找自己所感兴趣的领域。因此，在孩子还没有“奔跑”起来之前，父母应先学会等待。

“夏山学院”是著名的放养学校，它最大的办学特点就是愿意等孩子长大。学生在里面上课感受不到任何约束，不想学习就不学习。但有意思的是，很多学生在蹉跎了大把光阴后，会突然开始发奋努力。一个叫汤姆的 8 岁男孩儿，一开始不知道自己想

要干些什么，大约过了半年后，他开始每天沉浸在纸堆里绘制地图，他的地理知识甚至胜过了大学教授。

人本身就是一个“变量”，会因为环境、生理等原因而改变，孩子一时的失误不代表永远失误；一时的成功也不代表永远都能够站在巅峰。所以，家长要学会始终保持一颗平常心，尊重孩子的成长步伐，能够耐心地等待孩子自己长大。

在培养孩子内驱力这条路上，没有“捷径”，也没有一种方式、方法能够立即见效。在这个漫长而复杂的过程中，父母唯有保持平和的心态，才能做到不急不躁，一方面给予孩子必要的帮助，另一方面能够耐心等待孩子的内驱力自然生长出来的那一天。

需求，是唤醒孩子内驱力的契机

内驱力这个因素，说复杂确实复杂，因为它看不着摸不到，给人一种神秘莫测、不可掌控之感；但说简单也简单，它就跟吃喝拉撒一样，是一种近乎本能的需求。当孩子产生了需求时，他们就会产生行动的冲动，表现出极具内驱力的一面。

举个简单的例子：孩子身边的朋友都看了某部关于太空的电影，下课后大家聚在一起聊天的内容也都跟太空有关，孩子很想加入朋友们的聊天中，这个时候他的内心就会产生对太空知识的需求，从而主动去学习太空方面的知识。

聪明的父母，会立刻买来具有相关知识的书籍给孩子看，或是带孩子去科技馆、天文馆等地方实地进行学习。而糊涂的父母呢，则会认为孩子“不务正业”，没有将心思都用在学习上，如此一来，就将触发和调动孩子内驱力的机会错失了。内心强大的孩子没有了父母的支持，或许还能通过其他途径继续探索；但内心脆弱的孩子可能就会因为父母的打击而消沉下去。

因此，当孩子对某一方面表现出需求时，就是他们的内驱力觉醒之时。有了这个契机，父母培养孩子内驱力的一切行动，才能得以展开。

但为什么我们时常看不到孩子的内驱力呢？或者说，感受不到孩子的需求呢？这是因为大部分父母狭隘地将内驱力规划在了学习的范围内，而忽略了孩子在其他方面表现出来的需求。实际上，内驱力是一个非常广泛的概念，学习只是其中的一个方面罢了。

那么，人的需求都有哪些呢？美国著名的社会心理学家马斯洛认为：人作为一个有机整体，具有多种动机和需要，按照从低到高的顺序，这些动机和需求可以分为五个层次。如下图所示：

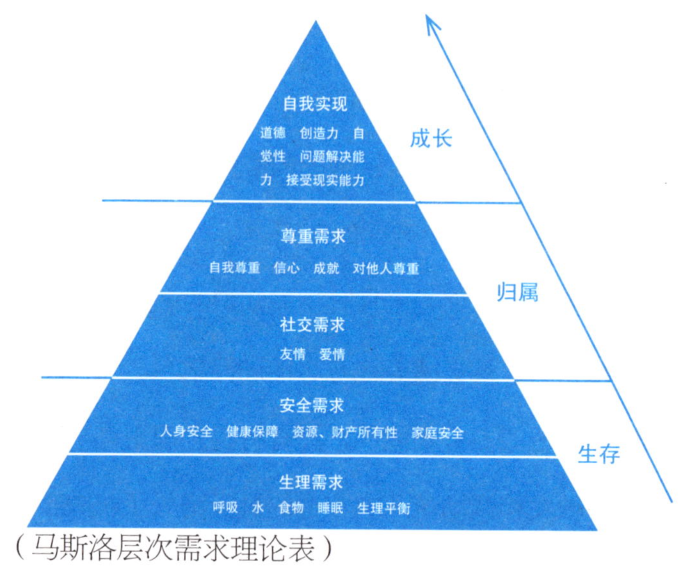

（马斯洛层次需求理论表）

在这个“需求金字塔”中：

第一层是生理驱动（食物和衣服）；

第二层是安全驱动（追求安全感）；

第三层是关系驱动（追求爱和归属感）；

第四层是尊重需求（希望得到尊重）；

第五层是自我实现需求（追求成就和创造性）。

而父母所希望看到的，直指最高层次的第五层，直白点儿讲就是：怎样让孩子主动学习、主动追求学业上的成就。但底层基础决定了上层建筑，父母想要孩子拥有最高层次的“自我提升”

或“自我实现”驱动，就要先满足孩子底层的需求。孩子只有在低层次的需求得到满足后，才会产生高层次的需求。

就拿远古时代来说吧。当时，人类生产力水平低下，生存是人类面对的最大问题，为了生存，弱肉强食，同类可以自相残杀，可以说毫无道德可言。随着社会的进步，生产力水平提高了，大部分人不需要为生存而奋斗了，更高的需求才得以产生。比如，人们可以通过狩猎和畜牧获得食物，但是却会受到别的部落的进攻，人们就会开始考虑安全问题……以此类推，随着生产力的发展，人类满足了上一个需求后，下一个更高层次的需求就会出现。

当然，也会有为了更高层次的需求，放弃生理需求的个例存在，但那毕竟是凤毛麟角，从整个人类的宏观角度来看，发展的趋势就是首先满足底层需求，继而产生高层次需求。

这个理论放在孩子身上同样适用。孩子最先产生的也是生理需求。

刚出生的小宝宝在碰到妈妈乳房的那一刻，几乎立即就学会了吮吸。尿布湿了，他们就会用哭泣来告诉父母："我不舒服了。"当他们肚子饿了时，他们也会哭泣，以此来告诉父母："我饿了，我要喝奶。"当需要安抚的时候，他们仍旧会选择哭泣，以此来告诉父母："快来抱抱我吧。"

生理需求是孩子最初产生的基本要求。这个时期，父母首先要做到的，就是满足孩子的种种需求。孩子饿了时，及时给孩子喂奶；孩子困了时，及时哄孩子入眠；孩子尿布湿了，及时更换新的尿布；孩子需要安抚时，及时将孩子拥在怀中。

只有这些需求得到了满足，生存才不会成为问题，其他的需求才能成为新的激励因素出现。对大部分人来说，某一层的需求相对满足了，就会向高一层次发展，追求高一层次的需求，就成为行为的动力。

换句话说，如果孩子某一层次的需求得不到满足，那么高一层次的需求很难被激发出来。因此，有些父母为了让孩子追求更好的成绩，牺牲孩子的睡眠时间，无视孩子的安全需求，不顾及孩子被尊重的需求，那么很难激发出孩子在学习方面的内驱力。

因此，在孩子的成长过程中，我们要了解孩子在每一层次的需求，并尽量去满足这些需求。在生理需求层面，我们要关注孩子有没有吃饱、睡好，有没有足够的休息时间，身体是否健康等；在安全需求层面，我们要考虑到是否给了孩子足够的关怀，让孩子拥有足够的安全感；在社交需求层面，我们要注意孩子是否能够交到朋友，是否拥有健康的友谊；在尊重需求的层面，我们有没有做到对孩子足够的尊重……

当前面四个层次的需求得到了较好的满足时，最高需求“自我实现和自我提升需求”就更容易产生。

但需要父母注意的是，这里有个概念十分容易混淆，我们满足孩子的各项需求，并不是指无条件满足孩子的所有需求。

比如，孩子想要一件高档玩具，这也是孩子的需求，但这个需求不会对生理需求产生影响。孩子的这个需求得到了满足，也不过是获得了最低级的满足。因此，父母可以选择拒绝孩子，并说明理由。这个时候的“不满足”，不会对孩子的成长造成不良的影响。

但如果孩子希望父母能够多陪陪他，父母就要想办法去满足孩子，因为精神满足是更高级的满足，会影响孩子的安全需求和社交需求。

最后，可能有父母会担心，如果孩子的需求已经达到了第五层次，那孩子的内驱力就会持久存在吗？会不会也像前四类需求一样，一旦得到了满足，就不再产生驱动力了呢？

当然不会。学习永无止境，孩子学得越多，就越会感觉到自己知识的匮乏，这只会令他们在求知的路上产生更多的驱动力。

满足“三感”，为孩子的内驱力续航

内驱力是在需要的基础上产生的一种内部唤醒状态或紧张状态，表现为推动有机体活动以达到满足需求的内部动力。这一解释中，有三个词值得我们认真关注：“唤醒状态”“满足需求”和“内部动力”。

“唤醒状态”，就是当人类产生需求时，内驱力处于一种“觉醒”的状态。“内部动力”，说的是内驱力来自机体自身。剩下一个“满足需求”，满足什么需求呢？著名的心理学家爱德华·德西（Edward Deci）和理查德·莱恩（Richard Ryan）把内驱力分为三类基本需求：归属需求、自主需求和胜任需求。这三种需求分别对应的是孩子的“归属感”“自主感”和“胜任感”。想要孩子拥有源源不断的内驱力，孩子的这“三感”缺一不可。

满足孩子的归属需求

所谓“归属需求”，就是孩子与其他人交流互动、被关爱、被接纳和产生情感连接时所产生的感受。产生归属感，可以让孩子的内心充满力量，它就像是一个“蓄水池”，在孩子还不具备行动能力时，就为孩子的内驱力储备能量。因此，唤醒孩子的内驱力，需要父母首先满足孩子的归属需求。

孩子从有意识开始，就对归属感有着强烈的需求。比如：婴儿时期的孩子都是以自我为中心，认为爸爸妈妈只属于自己，对父母充满依赖和信任。在成长的过程中，孩子会以家庭为中心，认为自己是家庭中的一员，并努力为家庭贡献自己的一份力量。这些都是孩子对归属感的需求。

家庭是满足孩子归属感的第一场所，亲子之间的关系，直接影响着孩子归属感的建立与形成。

如果在幼儿时期，孩子与父母之间能够建立起密切的关系，孩子便获得了重要的归属感。拥有归属感的孩子，内心是充盈的，这使他们有能量向外探索。同时，在和谐的亲子关系中，孩子能够感受到来自于父母的尊重、理解、关怀，还有父母满满的爱意，这些会令孩子懂得爱自己，并认为自己很重要。

为了证明自己值得被爱，孩子会努力满足父母的期待和要求。其中最明显的表现，就是孩子比较“听话”。这里的听话，指的是主动听话，而不是在父母的强势管理下不得不听话。孩子会在父母流露出期待，或是提出要求时，自发主动地朝着父母期待的方向去努力，从此形成了学习的内在动力。

相反，若是在幼儿时期，孩子没能与父母建立和谐的亲密关系，那么孩子内心的归属感便无从建立，这样的孩子会终其一生去弥补童年时的缺失。亲子之间的联结断裂，会让他们常常自我怀疑，所做的一切事情，都是为了得到他人的肯定，而不是出于内心的渴望。

可以说，归属感是孩子的精神支柱，需要父母的共同付出，才能让孩子体会到爱，获得心理上的满足。

满足孩子的自主需求

没有人喜欢被人强迫去做某事，孩子更是如此。孩子渴望能够主导自己的生活，比如，自己决定什么时候学习，而不是听从父母的安排。这就是孩子的“自主需求”。

生活中，很多父母都喜欢给孩子做安排，几点起床吃饭，几点写作业……表面上孩子养成了良好的习惯，实际上，孩子在安排中渐渐习惯了依赖父母，并丧失了自主能力。父母的“越俎代庖”，剥夺了孩子体会自己能力的机会，也剥夺了孩子“内驱力”发挥的机会。

因此，在养育孩子的过程中，父母首先要做到给孩子时间，让孩子可以自由安排自己想做的事情。无论孩子选择做什么，只要在安全的范围内，父母就要放手让孩子去做。

当孩子对自己想做的事情感到无聊时，他们就会主动问父母该做些什么，这个时候父母再给孩子一些适当的引导，渐渐地，就能够培养起孩子独自规划事情的能力了。

其次，不要代替孩子做他的事。就算是只有两三岁的孩子，能做的事情也已经非常多了，比如穿衣服、收玩具、按电梯……只要孩子能做的，我们都要尽量创造机会让孩子自己去完成。

想要培养孩子的“内驱力”，我们就要控制住帮助孩子做事的冲动。要知道，孩子需要的是陪伴与鼓励，而不是替代与包办。

最后，鼓励孩子“创新”。在父母眼中，孩子的很多行为是他们所不能理解的，比如，积木应该用来搭建，孩子却把积木放在盘子里玩儿；妈妈的化妆品被孩子藏在自己的小抽屉里……当孩子做出父母所不能理解的行为时，父母就认为孩子淘气，但实际上，这是孩子创造性行为的体现，也是孩子主动思考的表现。这个时候，父母应该对孩子进行鼓励、引导和建议，把决定权交到孩子手里，让孩子在尝试中成长。

满足孩子的胜任需求

人只有在自己擅长的事情上，才能体会到更多的胜任感。因此，父母放手让孩子去做自己喜欢的事情，并在适当的时候进行鼓励和表扬，可以培养孩子的胜任感。胜任感可以让孩子生出“我好厉害”的成就感来，而成就感对于每一个人来说，都有着巨大的吸引力。

为了满足孩子的胜任需求，父母首先要做到会“夸奖”。夸奖孩子可不是简单的一句“你真棒”就可以的，这样的夸奖没有什么养分，乍一听很受用，但次数一多，就会失去效应。作用持久的夸奖，一定是能够让孩子明白成功是通过自己的努力得来的。比如，孩子考了第一名，我们就可以说：“你复习这么用功，还把之前卷子上所有的错题都做了一遍，所以这次能考这么好，妈妈都为你感到自豪。”

其次，父母要做到尊重孩子的喜好。所谓兴趣是最好的老师，孩子只有做自己喜欢的事情时，才会投入更多的热情和精力，也因此才能做得更好。相反，若是做自己不喜欢的事情，那就谈不上擅长一说了，不擅长自然也就做不好，做不好便产生不了胜任感。

如果孩子能够从一件事情中获得“胜任感”，那么孩子还有什么理由不去做呢？那时，恐怕就是父母阻拦，孩子都不愿意停下来。

孩子的成长过程，就是在和谐的亲子关系中建立起自我意识的过程，在独立完成的自我空间里感受到自我，然后在生活实践中，学会掌控自我。这个过程，也是孩子的内驱力一点一点生长的过程。

无条件的爱，是孩子内驱力的支撑点

当一个孩子能够得到父母无条件的爱时，他们就能获得心理上的满足，而这是孩子归属感最主要的来源。

因此，从开始孕育一个生命时，我们就要去学习如何爱孩子。为什么说要“学习”呢？爱孩子几乎是父母的本能反应，但是能够做到无条件又理智地爱孩子，则是一种能力，这种能力需要我们去学习。

在我接触的众多家庭中，我发现很多父母认为自己在无条件地爱着孩子，实际上付出的却是有条件的爱。我曾在一场平衡车比赛中看到过这样一幕：

一个 3 岁多的小女孩儿因为速度太慢输掉了比赛，结果遭到了妈妈的痛骂，其间妈妈还一边骂她，一边用手敲打孩子戴着的头盔，声音之大引来周围的人纷纷侧目。

小女孩儿则像做错了事情一般，低着头，带着哭腔说：“妈妈，我下次一定好好跑。”

这个回应并没有让妈妈感到满意，她蹲下身子，拉起小女孩儿的手，质问一句，打一下，也许是打得疼了，小女孩儿本能地缩回手，身子向后躲，结果立刻又被妈妈拉住，接着又是一记狠狠的手板。

大约 10 分钟后，妈妈训斥累了，站起来独自走向一边，全然不管站在角落里哭得撕心裂肺的小女孩儿。

孩子输了比赛，此时最需要的是妈妈一个温柔的拥抱，以及一句贴心的安慰。或许，在妈妈看来，打骂是在鞭策孩子进步。但是在孩子看来，妈妈一声声训斥，一下下拍打、推搡，都是不爱自己的体现。

但妈妈真的不爱孩子吗？不是不爱，只是这份爱是有条件的爱，孩子做得好，成绩优异，各方面表现出色，妈妈就爱；相反，孩子做得不好，成绩不行，各方面都不如别人时，妈妈的表现就是“不爱”。

这样有条件的爱只会让孩子时刻生活在被爱遗弃的恐惧中，无法构建起安全感、归属感、自信心，以及良好的亲子关系。

无条件的爱是百分百地接纳孩子，用爱理解和包容孩子，将孩子放在没有对错的世界里，将孩子当作一个生命来爱。无论孩子是什么样的孩子，是男孩儿或是女孩儿，是否健康，是否表现得很优秀，都不会对孩子进行区别对待。

无条件的爱，是自由却有原则的爱

有一部分家长认为，无条件地爱孩子，就是无条件地宠孩子。在他们眼中，孩子很弱小，也很脆弱，所以捧在手里怕摔了，含在嘴里怕化了，在家不让孩子受苦受累，出门不让孩子受委屈，对于孩子的不良行为不忍心教育，对于孩子犯下的错误不忍心指责。这种不教育和不指责，并不是对孩子无条件的爱，而是赤裸裸地纵容孩子。

爱是没有条件的，但是必须要有原则。如果我们期待孩子能够拥有足够的安全感和自信，拥有正确的是非观，并且能够接纳自我的不足，那就必须在爱孩子的同时，明确地告诉孩子“什么事可以做，什么事不可以做”“什么话能说，什么话不能说”。只有有规矩的爱，才能让孩子更加健康地成长。

若是孩子想要什么，父母不管不顾就替孩子争取到，只要孩子高兴，就无所谓什么规矩不规矩，那无条件的爱就变成了溺爱。在“溺爱”的浇灌下，孩子便会依赖成性，自理能力差，难以建立起自信。

当父母爱得太满时，对孩子而言，爱就不再是蜜糖了，而是砒霜。父母360°无死角的关爱，足以将一个四肢健全的孩子，养成一个连最基本的自理能力都没有的废物。这样的孩子习惯了衣来伸手饭来张口，他们的一切需求都被外部力量抢先一步完成了，内部力量还没有被激发出来就已经被熄灭了。久而久之，内部力量就进入了“沉眠”的状态，难以被唤醒。

无条件的爱，不需要孩子回报

父母对孩子的爱，出发点是真心喜欢孩子，而不是现在对孩子付出爱，为的是换来自己老了以后，孩子能够孝顺与赡养，也不是为了让孩子心存感激。无条件的爱不求任何回报，我们给予孩子的一切，为的是能够看到孩子快乐幸福地成长。

举个最简单的例子：当父母给孩子买了新玩具时，无条件爱孩子的父母会享受孩子开心的笑容，同时也坦然接受孩子对新玩具不感兴趣的表现。而有条件爱孩子的父母，会渴望从孩子那里得到肯定，如果孩子喜欢，父母自然高兴；如果孩子不喜欢，父母就会表现得很受伤，认为自己的付出没有得到相应的回报。这样的爱，就像是大山一样沉重，会压得孩子喘不过气来。

在抚养孩子的过程中，父母确实需要付出很多的精力和金钱，但这并不是我们要求孩子回报的理由。假如当我们送给孩子礼物的同时，还附加了一句“等你长大了要孝顺妈妈”为条件，那么这种一边付出又一边索取的爱就变了味道。本应是无条件的付出，变成了有条件的索取。

事实上，我们要教会孩子如何去爱，只要做到真心地爱孩子就可以了，不必每天“耳提面命”。不管是父母对孩子的爱，还是孩子对父母的爱，都是一种无法抑制的，自然流露出来的感情，不需要提醒，也不掺杂任何目的。

关于养孩子，我觉得有一句话说得特别好：“我们生孩子，不是为了传宗接代，不是为了光耀门楣，也不是为了老了以后有人赡养，而是有幸能够参与到一个生命的成长中，让我们有机会跟他们在这个美丽的世界上同行一段路。”

无条件的爱，满足的是孩子的需求

给孩子无条件的爱，为的是让孩子能够感受到自己被爱。在这个过程中，享受爱的主体是孩子，孩子所得到的是他们内心所期待的爱，而不是父母“自以为是”的爱。

什么是“自以为是”的爱呢？就是父母单方面地认为自己付出的是爱，但是孩子却丝毫感受不到。生活中这样的例子有很多，比如，孩子不喜欢喝牛奶，但是父母认为牛奶对身体好，所以每天逼着孩子喝牛奶。在这个过程中，父母认为自己的行为是出于爱，但孩子感受到的只有痛苦和强权。

更重要的是，父母并不觉得自己这样做有什么不妥，还会认为自己是尽职尽责的父母。在这种“爱”的滋养下，孩子要么变得叛逆，不管父母说得对与不对，统统选择与父母对着干；要么变得没有主见，凡事都要依赖父母。

我们给孩子的爱，不是为了从这种付出中找到自我价值感，而是让孩子从我们的爱中找到他们的自我价值感。在这个过程中，或许我们无法认同孩子的一些想法，也不能理解孩子的一些行为，但是我们会出于爱的角度，去尊重孩子，并试图去理解孩子，而不是强制孩子做出改变，一定要按照我们“规划”的方向去发展。

当一个孩子在父母的爱中充分地体会到了自我价值，那么他们的内心就会充满力量，充满归属感。

擅用外驱力，使之成为一剂“良药”

我们一直说内驱力可以推动孩子前进，实际上，能够推动孩子前进的力量有两种：一种是内驱力，一种是外驱力。

内驱力来自孩子的主观能动性，外驱力来自环境的压迫。单是从概念上理解，我们就能看出，内驱力对孩子产生的作用更加直接，也更加明显，但这不意味着外驱力就没有存在的必要了。

比如，如果我们辛苦工作，却挣不到一分钱，又有多少人能够坚持下去呢？很大程度上，我们努力工作，就是为了得到薪水，拥有了薪水可以让我们生活得更美好。所以为了美好的生活，我们会更加努力地工作。而薪水就是外驱力，我们能说它没有存在的必要吗？

再比如，孩子在学习上有一个很强的竞争对手，孩子会为了超越他而更加努力地学习，但如果没有这个竞争对手，孩子可能就会放松对自己的要求，这个竞争对手就属于外驱力。有句话说：“无敌是寂寞的。”如果身边没有“参照物”，那人很容易迷失方向，找不到前进的动力。因此，竞争对手这个外驱力，也有存在的必要。

外驱力存在的意义，是为了帮助那些本身技能不足或是内驱力匮乏的人，让他们更加积极地参与到不太擅长的事情当中，或者完成很难做到但又必须要做的事情。

我们可以将外驱力理解成“一副药”，这副药用得好，便是良药，用得不好，就会产生不良反应。不良反应的表现，就是孩子对外驱力产生依赖性，使他们的能量难以长久地维持，一旦外驱力的作用减少或是消失，孩子的动力也会停止。

比如，那些从小被父母盯着学习的孩子，往往在离开父母后，成绩会出现急转直下的情况。那些被父母逼着好好学习，最终考了大学的孩子，在上了大学后，往往容易沉迷于网络游戏，对学习提不起半点兴趣。

有记者曾经采访过参加国际奥林匹克数学竞赛时拿了金牌的孩子，问他们以后是否会从事与数学相关的工作？大部分孩子都回答说：“以后再也不想学数学了，因为看到数学就恶心。”

还有一些孩子，被父母用“贿赂”或是“惩罚”的方式促使学习。比如，考 100 分就能获得 100 元的奖励，如果考得不好，就会挨打挨骂。这样一来，奖励的吸引力会下降，打骂只会让孩子越来越叛逆。

这些都是没有用好外驱力的例子。被错误外驱力支配着学习的孩子，在学习中感受不到任何满足与快乐的情绪，所以当外驱力消失后，他们就会遭到反噬，变成一只泄了气的皮球。若是这个时候，沉不住气的父母再对孩子进行打击，用暴力的语言和行为来伤害孩子，那孩子就会因为害怕而不敢再次尝试，也不愿接受任何挑战，甚至会产生厌学情绪，变得自暴自弃，不求上进。

鼓励、夸奖、竞争是外驱力，逼迫、贿赂、惩罚也是外驱力，不同的是，正确的外驱力可以内化成孩子的内驱力，成为内驱力的一部分，激励着孩子前进。

那么，父母该怎么做，才能令外驱力内化成内驱力呢？关键在于我们在施加外驱力的时候，能不能让孩子感受到事情本身的乐趣。

记得我女儿在刚上小学时，写作业时不是忘记写这个，就是忘记做那个。其实老师留的作业并不多，只是每样都需要做一点点。每次因为没有写完作业而被老师批评时，她自己也很难过。

为了帮助孩子解决这个问题，我设计了一个闯关游戏。第一关是检查都需要完成哪些作业，然后罗列出来，得到一些积分；第二关是完成这些作业，每完成一项，就在这项作业记录前面画“√”，然后再得到一些积分；第三关是“复查”，再检查一遍是否真的都完成了，有没有做错的地方。如果都完成了，并且没有做错的地方，那就将作业全部收好放到书包里，最后经由我检查后，再得到一定的积分。

每天闯完这三关，孩子都可以得到一些积分，而积分达到一定数量后，又可以用来换取一些小奖励，比如，她喜欢的橡皮，或者多看一会儿电视等。

过了一段时间后，女儿渐渐养成了这种习惯，写作业再也不会“丢三落四”，还多次受到老师表扬，我便将这个闯关游戏取消掉了。同时告诉孩子，她现在已经不需要这个闯关游戏了，因为她已经能够很好地控制住自己了。虽然没有了积分，但她依旧可以得到她喜欢的小玩意儿，也可以多看一会儿儿童节目，这是她通过自己的努力，获取了“自由”的权利。又不用闯关，又能得到奖励，还能受到老师的表扬，孩子有什么理由不坚持下去呢？

如果失去外驱力，孩子就无法自驱，那说明外驱力还没有内化成内驱力，也许是时间的问题，也许是使用方式的问题。任何有用的方式，都不会一直有用，或是任何情况下都有用，所以我们要学会及时调整教育策略。

另外，当外驱力已经内化成内驱力时，孩子就不会那么容易地松懈下来，因为他已经尝到了内驱力带给自己的“甜头”，他有什么理由放弃这种“好处”呢？他只会更加努力，让“好处”更多。

第二章

做"星探"家长，善于发现孩子的闪光之处

"星探"家长最擅长的事，
是欣赏自己的孩子。
而被认可和被欣赏，
是孩子内在的深刻需求。
当这些需求得到满足，
他们就会体验到快乐、兴奋和自信，
并加强自我欣赏和自我认识的能力。
而懂得自我欣赏，
并且自我认识全面的孩子，
往往对自己要求更高，
并愿意不断努力提升自己。

炼就火眼金睛，发掘孩子独特的优势

俗话说："尺有所短，寸有所长。"每个孩子都有优点和缺点，再优秀的孩子也有缺陷，缺点再多的孩子，也有其独特的优势。孩子在某一方面可能比别人差，但是在另一方面可能就要强过别人，这就是孩子身上的闪光点。

但有些父母，总是将孩子当作工厂流水线上的"产品"，认为优秀的孩子都有"统一的标准"，所以拼尽全力让孩子去靠近那个"标准"，从而忽略了孩子自身优势所在。

我们楼上住着一个叫晨晨的小男孩儿，刚上二年级，他妈妈就给他报了奥数班。因为大部分孩子都在学奥数，能够在奥数比赛中获得名次，似乎已经成了"优秀"的代名词。

但在现阶段，晨晨还不适合学习奥数。因为在小学阶段，绝大部分孩子的思维和智力发展都不太适合奥数那种抽象思维的学习，这也是国家屡次禁止对小学生进行奥数培训的原因。因为思维和智力发展跟不上，孩子学起来自然十分吃力，无法从中体会到学习的乐趣。好几次我在电梯里看到晨晨去上奥数课，他的脸上都没有丝毫向往之情，反而像是去做一件备受煎熬的事情。

除了奥数，晨晨还上着武术课程。相比较之下，晨晨在武术方面显然更有天赋。没上多久，就学会了后空翻，就连上台阶，都是一个跟头翻上去，身体轻巧得像孙悟空。据晨晨讲，在武馆里，他是学习动作最快的，老师时常让他帮忙指导其他同学。

可惜的是，晨晨的妈妈只看到了晨晨在数学方面的不足，却看不到晨晨在武术方面的天赋。时常听到她抱怨孩子学数学不用心，却从未听她夸奖过孩子武术学得好。

只知道逼着孩子去学习，而不顾他们的先天资质、个性和潜能，盲目地进行培养，不仅对孩子无益，而且还会抹杀孩子的天赋，耽误孩子的一生。科学家爱因斯坦曾说过：“孩子生下来就是天才，但往往在他们求知的岁月中，错误的教育方法扼杀了他们的天赋。”

对于孩子来说，他们缺少的并不是闪光之处，而是父母的发现。有的孩子也许功课不好，但是却十分擅长音律，一首歌只听两三遍，就能够唱出正确的曲调；有的孩子或许不擅长音律，但是在绘画方面却十分有天赋……父母要像哥伦布发现新大陆一样，去发现孩子的闪光点，并且善于挖掘孩子的兴趣和潜能，发现孩子的最佳才能区。

朋友家 3 岁的孩子，已经创作了十余幅水粉画了。我去他家的时候，看到他家的客厅里、餐厅里、卧室里，贴的都是孩子的画作。那些画作或许缺乏一些精妙的笔法，或是绘画的技巧尚有不足，但是内容表现却十分具有张力，并且颜色绚丽，十分夺人眼球。

孩子爸爸曾把孩子的画作传到网络上，引起了不少人的关注，人们都不敢相信眼前让人惊艳的作品，竟然出自一个 3 岁小孩儿之手。甚至有网友断言，孩子在绘画方面的天赋如此过人，将来一定是梵高一样的人物。

孩子确实有天赋，但更重要的是，孩子的父母能够发现孩子的天赋。在孩子第一次拿起笔涂涂画画时，父母就将家里的旧画具拿给孩子用，让孩子进行自由创作。在创作的过程中，孩子的表现方式并不写实，大人往往看不出来孩子画的是什么，但他们并未因此就干涉孩子的创作，他们觉得只要孩子喜欢就行。

有多少家长在看到孩子随意涂涂画画时，会呵斥孩子不要把衣服弄脏？又有多少家长在看到孩子画得“四不像”时，会拿起笔帮孩子画一个更像的？其实，孩子与孩子之间并没有多大的差距，能让孩子之间产生差距的，往往是父母的教育方式。

擅长发掘孩子优势的父母，就像在“鸡蛋里面挑骨头”一样，总能在一些细微之处，发现孩子与众不同的优势。

那善于发掘孩子独特优势的“火眼金睛”，是怎么“修炼出来的呢？”

引导孩子多元化学习

哈佛大学心理学家霍华德·加德纳认为：每个孩子天生就具备 8 种智能，分别为语言智能、数学逻辑智能、音乐智能、肢体运动智能、人际智能、内省智能、视觉空间智能和自然观察智能。也就是说，孩子在任何一方面，都可能成为“天才”。

因此，在孩子成长的过程中，父母要引导孩子进行多元化学习，给予孩子多方面的刺激和体验。现在很多特长班都有体验课，这是非常好的机会。如果我们想要给孩子培养一个特长，却又不知道孩子喜欢什么，适合什么，那就让孩子多试试。

在这个过程中，不同的孩子会在不同的智能结构中，展现出其独特的优势。这时父母就要尽可能发掘孩子身上的优势，集中精力观察每一个细节，捕捉孩子所释放出的闪光点，并及时放大，将这一亮点培养成教育的增长点。

用全面的眼光看待孩子

因为教育机制问题，很多家长只会将目光放在孩子的成绩上，以成绩好坏论“英雄”。事实上，成绩只是一方面，从孩子整个人生的角度去看，成绩所占的比重再小不过了。而且，成绩衡量的仅仅是孩子一段时间内的学习状况，至于孩子的性格、品德，以及其他方面的能力，都无法从成绩中体现出来。因此，仅凭成绩去评价一个孩子，是不全面不科学的方式。

父母要学会用全面的眼光去看待孩子，孩子的性格、文明礼貌、劳动表现、人际交往情况、文体才能、兴趣爱好、动手能力、卫生习惯……要把所有的方面综合起来看，才能做到客观地评价孩子，也只有父母从全面的角度去看待孩子，才能发现孩子独特的优势。

用发展的眼光看待孩子

孩子是一个成长的个体，天天在长大，天天在进步，一切都在变化中成长。所以父母不要用孩子一时的表现，去判定孩子的一生，也不要认为孩子现在这点没做好，那他永远也做不好。

比如：刚入学的孩子，在控笔方面的能力会差一点儿，所以字迹会稍显潦草，这时父母很容易就给孩子扣上“写字不认真”“写字不好看”的帽子，父母的否定会让孩子产生自卑的心理，同时认定自己“无法写好”。但实际上，随着孩子的肌肉发育，他们对笔的控制能力会增强，只要勤加练习，就会越写越好。

只要父母足够细心和耐心，就能够从孩子的成长轨迹中，捕捉到孩子点点滴滴的进步，而这些小小的进步，会随着父母的肯定与鼓励，变成大大的进步。

用赏识为孩子的内驱力“加压”

如果说唤醒孩子的内驱力，就是点燃孩子心中的那把火，那么想要这把火燃烧得更加持久，就需要给火添柴，而父母的赏识，就是那把“柴”。可以说，孩子的很多特长和优势，都是在父母的“赏识”中形成的。

但现实生活中，能够真正做到赏识孩子的父母并不多。更多的父母，都是带着挑剔的眼光去找孩子的毛病，抓住孩子一点儿小小的错误，就声色俱厉地批评。更可怕的是，有些父母还会用别人家孩子的长处，去比自家孩子的短处。

如果父母总是盯着孩子的缺点，或者让孩子花大量的时间在他们不擅长的事情上，就会渐渐地将孩子的优势磨平，使孩子逐渐变得平庸起来。要是父母再加上挖苦讽刺的语言，那就会令孩子越发自我怀疑，最终从心理上“破罐子破摔”，什么也不愿意尝试，什么也不愿意挑战，完全失去主动性了。

有位诗人曾说过：“如果一朵花不美，就请欣赏它的叶子；如果叶子不美，就请赞美它的枝干；如果枝干不美，就请赞美它的根基；如果根基也不能使你产生情感的冲动，那么你总该为它是一个蓬勃的生命而讴歌！”

有些孩子就像是这朵“不美的花”，我们要学会从不同的角度去欣赏孩子，并最终找到值得我们赏识的地方。那么，我们该如何运用赏识，调动起孩子的内驱力呢？

相信孩子可以做得更好

作为孩子的父母，我们没有理由不相信自己的孩子能够变得更好，即便他现在是“差等生”，也不意味着将来的他不会逆袭。

我家大女儿刚上小学时，成绩并不突出。每次逢年过节，大家聚在一起谈论自家孩子的成绩时，我女儿的成绩都是“垫底”

的那一个。有一次，在聚会完回家的路上。大女儿问我："妈妈，我考得不好，有没有让你感觉很丢人？"她八成是听到了某位阿姨谈到这点，便有些担忧地问我。

我立刻回答说："不会啊。你才上一年级，而且在上一年级之前，你从来没有学习过文化课知识，现在一时半会儿跟不上，是很正常的事情。妈妈觉得，如果你能一直保持现在这个学习的态度，以后成绩一定会有所提升。"

女儿听了，原本担忧的神色不见了，她说："妈妈，你放心，我一定好好学习，不给你丢脸。"后来她也的确做到了这一点，年级越高，成绩越好。

不管有多少人认为你的孩子不够好，不够优秀，作为家长的你都一定要相信你的孩子是上天赐予你的特殊礼物，他是这个世界上最棒的孩子。来自父母的信任，能够让孩子信心大增，同时相信自己真的可以做好。

多给予孩子正面的激励

赏识教育认为，在相信孩子的前提下，家长应以正向激励为主，告诉孩子怎样去做，指明孩子的发展方向。当我们把眼光集中在孩子的优点上时，就会强化、巩固孩子的好行为，还能帮助孩子树立自信心，有助于他的成长。

韦尔奇曾是美国通用电器公司最年轻的 CEO，他小时候十分瘦弱，还带点儿口吃，为此他感到十分自卑，常常不愿意开口与人沟通。

他母亲知道他的心思，并未因此打击他，反而对他说："口吃是因为你大脑太聪明，没有任何一个人的舌头可以跟上你这样聪明的大脑。"

妈妈的话给了韦尔奇很大的鼓励，他开始正确看待自己的缺陷，不再以口吃为耻，并为自己有个聪明的大脑而感到骄傲。

可见，父母对孩子的鼓励，可以让孩子获得自信心，强化孩子获得成功的情绪体验，满足孩子的胜任感。鼓励对于孩子的意义，就如清代教育家颜元所说的那样："数子十过，不如奖子一长。"

即便父母觉得孩子天赋不高，也应该多去鼓励，至少因为我们的鼓励，孩子会更加自信。因为孩子相信我们的话，我们说他们"行"，他们就会相信自己一定"行"。

用宽容代替惩罚

赏识教育，要求父母不但能够赏识孩子的优点，同时也能宽容孩子的缺点。有些父母不允许孩子犯错，一旦孩子犯了错误就会大声斥责，甚至棍棒伺候。在这样的教育环境下，孩子再有天赋也会"夭折"。

宽容孩子，不仅是宽容孩子犯下的错误，还包括对孩子生活态度、人生态度的理解，对孩子独特个体的尊重。

我曾在公园里看到过这样一幕：两个妈妈都给自己的孩子买了氢气球，并且同样嘱咐道："要抓紧哦，否则气球就会飞走了。"

结果两个孩子还是因为没有抓紧，让气球飞走了。

面对号啕大哭的孩子，一个妈妈说："呀，气球飞走了，它一定是回去找妈妈了，我们赶紧跟它说'再见'。"

而另一个妈妈则指着孩子训斥道："刚刚跟你说了要抓紧，你怎么答应我的？看看，气球飞走了吧，早知道就不给你买了。"

大人都无法做到永不出错，更不要说心智还未完全成熟的孩子了。如果父母无法宽容孩子的错误，就会令孩子因害怕犯错而不敢进行尝试。但如果父母能够宽容孩子的错误，孩子们就会把父母的宽容视为一次夸奖，他们下次会把这样的夸奖，转变为更好的行为来回报父母。

当然，宽容不等于放任，宽容是营造宽松和谐的环境，以利于孩子的自由成长，满足孩子的精神需求；而放任是无条件地满足孩子的物质需求。

教育家陶行知先生早在半个世纪之前曾深刻指出：教育孩子的全部秘密是解放孩子；而解放孩子，首先就要赏识孩子。没有赏识就没有教育。父母对孩子的赏识，就是孩子心灵的"氧气"，就是给孩子最好的成长礼物。

让孩子觉得自己就是最好的一个

很多父母在教育孩子的过程中，会不由自主地抱着“比较”的心态，希望通过与别人家孩子对比，让自己家的孩子能够看到差距，进而发奋图强。殊不知，这种“比较”是摧毁孩子内驱力的元凶之一，让孩子在比较之中渐渐失去自信心。

在看电视剧《小舍得》时，我就不禁为剧中的两个孩子感到惋惜。剧中有两个十分优秀的孩子，一个叫欢欢，她虽然学习成绩一般，但是开朗活泼，多才多艺，交际和组织能力都很强；另一个叫米桃，乖巧懂事，学习努力，每次都能考班级第一名。

但父母偏偏不满足，欢欢的妈妈希望欢欢能像米桃一样成绩优异，米桃的妈妈则希望米桃能像欢欢一样活泼开朗，于是两个妈妈总是将两个孩子进行比较，甚至当着孩子的面，让孩子向对方学习。

欢欢和米桃本来是十分要好的朋友，但是因为父母的比较，两个人之间渐渐生出嫌隙。欢欢从原本的开朗活泼，变得处处针对米桃。而米桃则越发沉默寡言，面对欢欢时，内心时常涌出自卑感。欢欢没有因为“比较”提高学习成绩，反而变得郁郁寡欢，再也看不到之前明媚的笑脸。米桃也没有因为“比较”而变得开朗，不但学习成绩下降了，还无法承受新环境带来的压力，最终因为精神抑郁，回到家乡念书去了。

不管是欢欢的父母，还是米桃的父母，他们都深爱着孩子，希望孩子能够越来越好，但却得到了一个事与愿违的结果，不但没有让孩子进步，还让孩子感觉到父母好像更爱“别人家的孩子”。

心理学有一个“归因理论”，就是当孩子做错事时，如果家长的态度是苛刻和批评的，他们就会把失败的原因归结于外因；如果父母的态度是温和与接纳的，他们才会考虑到内因，觉得是自己的原因导致出错。

父母拿孩子跟别人做比较的时候，会大肆宣扬别人家孩子的优点，以此来刺激自己家的孩子。而这些所谓的“优秀”，并不会达到激励孩子的作用，反而会让孩子心里有极强的挫败感，孩子不但不会反思自己的行为，还会将错误归咎于“别人家的孩子”。

而一个孩子长期处于被比较、被贬低的境地，则会导致他们的内心产生“习惯性无助”，即一种绝望的情绪体验。

比如，当孩子成绩不好时，他的内心本身就是惶恐不安的，这时还去对他进行比较和否定，次数多了，孩子就会产生应激反应，变得自卑，习惯性地认为自己是最差的，然后失去斗志，觉得自己干什么都不行。

孩子的童年任务是向内积累，而不是向外延展。孩子从一个柔软的小婴儿成长为一个强壮的大人，他们需要吸取能量，他们所经历的一切，不管是好的还是坏的，都是积累的过程。

在这个阶段，如果父母总是拿孩子与他人对比，孩子就没有时间进行内在积累，他们所有的心思和力量，都用来琢磨怎么去超过别人了。但如果父母只关注自己孩子的成长，那就能给孩子留出足够的成长时间，孩子就有精力去关注自我成长，让自己的内在力量变得强大。这样在未来的成长中，他们才有足够的内驱力去把控自己的人生。

我有两个女儿，在面对她俩时，我遇到最难的问题就是她俩同时问我：“妈妈，你最喜欢谁？”并且强调“只能选一个”。

面对这个难题，我起初的回答是：“妈妈都喜欢，选不出来怎么办？”

但她们对我的这个答案显然不满意。后来我发现，她们之所以让我选择一个最喜欢的，并不是她们想要一争高下，而是她们想要从父母这里得到一个独一无二的评价。

想通了这一点后，当她们再问到我这个问题时，我的回答就变成了：“妈妈都喜欢，因为你们两个完全不一样。姐姐文静一些，做事情总是很认真；妹妹活泼一些，总是有很多新奇的想法。所以妈妈实在是选不出来谁更好，妈妈觉得你们两个都好。”

对于我的这个答案，她俩都感到很满意。

其实，在养育两个女儿的过程中，很难做到不去作对比，但是每当产生将她俩进行对比的念头时，我就会告诉自己：“她们是完全不同的两个个体，各有各的特点，不具备可比性。”这样一想，我就会打消“比较”的念头。如果父母能够了解每个孩子都有自己的优势，每个孩子都是独一无二的，那么在教育孩子的问题上会更理智一些。

找到自家孩子的“发展时区”

孩子的发展是分阶段的，从宏观的角度看，大部分孩子的发展水平都差不多。但是要站在“个别”角度来看，孩子与孩子之间的发展发育还是存在很大差别的。就拿我家的两个孩子来说吧，大女儿说话较早，并且一说话就口齿清晰。而小女儿则说话较晚，都三四岁了，说话还是有些不清楚，除了家里人，很多人都听不清她说的话。

因此，孩子的成长起步不同，擅长的领域不同，兴趣也不同。我们不能看到别人家孩子擅长什么，就觉得自己的孩子也应该擅长什么。与其让孩子跟上别人的发展脚步，不如去发现孩子的“发展时区”，仔细研究一下自己的孩子喜欢什么，更擅长什么，做什么做得很快，做什么更加得心应手……根据自家孩子的特征，制定合理的发展策略，才能发挥孩子最大的潜能。

多进行纵向比较，而不是横向比较

横向比较，就是拿自己的孩子和别人家的孩子进行比较。纵向比较，就是拿孩子的现在和过去比较，即关注孩子有没有进步。如果孩子和过去相比进步了，那就夸奖他；如果与过去相比，没有进步甚至退步了，那就去分析问题出在哪里，和孩子一起去改变。

我家小女儿上五年级的时候，有一次考试成绩不佳，回来后问我："妈妈，姐姐上五年级的时候是不是学习特别好？"小女儿心里一直将大女儿视为学习的榜样。

对此，我的回答是："姐姐五年级的成绩妈妈记不清了。但妈妈记得你之前一次考试成绩，比这次分数要高一点儿。你这次成绩退步，可能是你对这段时间学习的知识掌握得不太牢固。"

"那妈妈你能给我讲讲'行程'问题吗？我总是弄不明白。"小女儿对我说。

我立即答应了她，并对她进行了赞赏，因为她能够清楚地知道自己哪里没有学好，这说明她很关注自己的学习情况。

赏识教育的提出者周弘说过："哪怕天下所有人都看不起你的孩子，做父母的也要眼含热泪地欣赏他、拥抱他、赞美他。每个孩子都是为了得到父母的赏识而来到人间的。你的孩子就是世界上最好的。"

不与"别人家的孩子"比，将欣赏的眼光放到自己孩子的身上，只注重他们是不是比之前进步了，肯定孩子一点一滴的进步，让孩子相信他们就是父母眼中最优秀的孩子，那么他们就会为了不辜负父母的这份"信任"而持续努力。

以兴趣为指引，唤醒孩子的内驱力

《小王子》中有一句话，说："如果你想造一艘船，不要抓一批人来搜集材料，不要指挥他们做这做那，你只要教他们如何渴望大海就够了。"引起渴望，就是培养兴趣。当孩子拥有了兴趣，内驱力的小火苗就开始发光了，同时他们也提前发出了他们有这方面天赋的信号。

很多家长深谙此道，所以在孩子表现出某些方面的兴趣时，会立刻提高"警觉"，不遗余力进行培养，生怕将孩子"耽误"了。在这一点上，几乎全球的父母都一样。

一个在美国居住多年的朋友，当她发现 5 岁的大女儿在美术上很感兴趣时，便立刻找了一位著名画家的弟子给女儿做老师。老师也很尽心尽力，一上来就让孩子练习基本功，每天不是照着石膏画圆柱，就是对着石膏画三角体。

就在朋友幻想着女儿有一天也能成为徐悲鸿那样的人物时，发现女儿对画画的兴趣越来越少了。没学画画前，孩子经常坐在桌前涂涂画画，学了画画后，孩子反而不爱画画了。大约半年后，朋友的女儿对她说不想学画画了，觉得画画没意思。

这个消息就像晴天霹雳一样击中了朋友，她一直在思考到底是哪里出了问题？孩子本来喜欢画画，找的老师也是远近有名的好老师，为什么学着学着就不爱学了呢？难道孩子最初表现出来的兴趣，仅仅是一种假象吗？

对于这个问题，可谓是“当局者迷旁观者清”。孩子所表现出来的兴趣绝不是假象，孩子是真的喜欢画画。至于老师，既然远近闻名，那必定也是有真本事的老师。只是好老师的教育方式并不一定适用于所有孩子。尤其对于一个5岁的小孩儿，他对空间、立体、光影等概念还不能完全理解的时候，无法从中体会到绘画的乐趣。乐趣一旦消失，兴趣很快也会被消磨殆尽。

还好，朋友比较尊重孩子的意愿，既然孩子不愿意学，就没有逼着孩子继续学。没有了老师指导，孩子再次自由地涂涂画画起来。一直到8岁那年，孩子独立创作了一本连环画。朋友将孩子的作品上传到网络上，一位有名的连环画画家看到了孩子的画，有意收孩子为徒弟。

这一次拜师，和上一次拜师的结果大不相同，孩子越学越有兴趣。现在朋友的女儿才17岁，没有上过任何专业的美术学院，就已经能够在各个绘画辅导班做“小老师”了。

有时候，我们在面对孩子这种自发的、不可遏制的强烈欲望时，尽量保护好，减少破坏，就已经是最好的做法了。在呵护孩子的兴趣上，当孩子遇到了困境，进入了瓶颈的时候，那才是父母应该出手的时候，父母或是用自己的能力帮孩子扫清障碍，或是帮孩子请老师答疑解惑，总之，只要是孩子有所需求，父母的出现就不会成为他们的阻碍。

那是不是只有孩子展现出某方面的兴趣时，我们才有机会发现孩子的闪光点，调动起孩子的内驱力呢？当然不是。

如果孩子天生对某方面感兴趣，那自然是最好不过。但有些孩子并不是生来就对某些领域的内容感兴趣，就像有的孩子喜欢数学不喜欢语文，所以在学习语文的时候就会缺少内驱力。这时如果父母对孩子横加指责，只会令情况越来越糟糕。如果放任不管，又会令孩子产生“偏科”的情况，影响孩子的整体发展。这个时候，我们就要想办法培养孩子的学习兴趣。

以前有句话是“学好数理化，走遍天下都不怕”，现在有句话是“得语文者得天下”。学好语文，要求基本功扎实。所以我家大女儿 2 岁左右的时候，我便开始给她读绘本故事。每次读的时候，我会有意识地指着字读，后来我发现她竟在不知不觉中认识了很多字。这让还没有上小学的她，就已经可以独立阅读了。

我对这个“无心插柳柳成荫”的结果十分满意，于是小女儿出生后，我便效仿培养大女儿的方式，指着字给她念绘本故事。但事后，我指着曾经念过很多次的字来问她时，她要么就是一脸迷惑的表情，要么就是胡乱瞎猜一个字。

为什么在大女儿身上可以成功的经验，用在小女儿身上却不行了呢？我反思了一下，得出一个结论，大女儿性格比较文静，每次听故事就乖乖地坐在一旁听；而小女儿生性活泼，每次看到了有意思的情节，她都会饶有兴趣地模仿一番。

注意力的不同，导致她们对故事的吸收程度也不同。于是，对于小女儿生字启蒙这件事，我改变了策略，买来好几张内容比较生动有趣的“生字挂图”，挂在家里的走廊里。小女儿每次路过，都会忍不住按一按，当挂图发出某个字的读音时，小女儿就跟着重复一遍。不知不觉中，小女儿竟将挂图上的一百多个常见字记住了。

可见，即便是一母同胞的姐妹俩，在培养兴趣这件事情上，也不能“如法炮制”，还是得根据每个孩子的性格特点来培养。这个道理运用在同一个孩子身上也是如此，有时候一种方式无法引起孩子的兴趣，或许换另一种方式就能达到预期目标。

当孩子有了兴趣，他们做任何事都不会觉得累。因为做这件事情时，他们是高兴的，快乐的，不会去想坚持了多久，辛苦了多少时日。

就像很多诺贝尔奖获得者，在他们发表获奖感言时，一半会说自己对获得此奖深感意外，还有一半会说，自己根本没做什么。在他人看来，这是获奖者谦虚的方式，但事实上，他们确实是这样认为的，他们并不觉得自己在做一件多么伟大的事情，他们只是在按照自己的爱好和兴趣做事。或者说，他们所做出的成绩，不过是满足自己内心需求的同时，所产生的附带效应罢了。

作为“星探”家长，我们的职责就是发现孩子的兴趣所在，用心去引导孩子的兴趣发展，并让兴趣成为孩子成长路上的一盏引路灯。

积极的暗示，让孩子的潜力得以发光

“你怎么这么磨叽？天天都要迟到。”

“你怎么总是记不住把东西放回原处？”

“你真是太懒了。”

“你怎么这么笨？这么简单的题目，就是学不会。”

“你再这样混下去，以后就得去街上要饭了。”

在我们被孩子气糊涂的时候，有没有不经思考就脱口而出这样的话呢？这些带有负面暗示的语言，时常被父母运用在教育孩子的过程中。事实上，反复地强调或是责骂，不但改变不了孩子的任何问题，反而可能强化了这种负面暗示，让孩子以为自己就是这样的。

孩子的内心非常脆弱和敏感，他们极易受到心理暗示。孩子是软弱自卑，还是勇敢自信，这跟父母经常给予孩子正面暗示还是负面暗示有很大的关系。正面的暗示会让孩子积极向上，负面暗示则可能将孩子带入深渊。

记得初中时，我们班上有一个女同学，她的五官长得很漂亮，就是左脸上的太阳穴处有一块巴掌大小的粉红色胎记。因此，从小学起，她就被同学起各种各样的外号，所以她总是用长长的头发，将左半张脸遮住。

有一次，我在理发店看到了她。她正在理发，当理发师准备将她的刘海剪短时，她一把抓住了理发师的剪刀，死活不让剪。这时，她妈妈说话了，“你那头发挡住半张脸，上课能看清黑板吗？”她使劲儿地点头，最后刘海还是留下了。离开理发店时，她妈妈唉声叹气地说道：“哎，好好一个女孩子，脸上长了个胎记，要不该多漂亮啊。”

在妈妈的话语声中，那个女生的头低得更低了。毕业后，我们好长时间没有再见过面。再见面时，她已经通过做手术，将脸上的胎记处理得差不多了，但是这并没有让她整个人都自信起来，她走路依旧低着头。只要有人看向她，她就会下意识地摸摸头发，用头发将脸挡住。手术和化妆可以改变一个人的容颜，却无法改变骨子里的自卑。

如果孩子从小生活在父母的负面暗示下，他们就会认可这种暗示，并不断地往父母所描述的负面形象靠拢。父母越是担心孩子某一方面不够优秀，就越是不能将这点担心挂在嘴上。因为说得多了，就会对孩子造成负面的心理暗示，使孩子慢慢从心里接受这个“负面暗示”，并最终变成父母所担心的那个样子。

一个合格的星探，不仅仅具有发现明星的眼光，还具有将有潜力的人打造成明星的能力。作为“星探”家长也是这样，我们要善于发现孩子正在发光的优势，也要善于将孩子的不足之处，培养成孩子的长处，而不是用负面的暗示，一次又一次地打击孩子的自信心。

对于孩子做得不好的方面，我们多给予孩子积极的暗示，让孩子知道父母一直在关注着他们，并且相信他们可以做得更好。当孩子受到父母无条件的信任与关心时，他们会不自觉地产生一种不能让家长失望的动力，自发地往积极的方向调整行为。

我大女儿的性格比较偏内向，尤其是刚开始上小学的时候，她就像透明人一样，上课不爱举手回答问题，下课也从不捣乱惹事。开学一个多月后，我找老师了解她的学习情况，老师的第一反应是先想想这个孩子是谁。一个班四五十人，老师能够迅速记住的，都是那些乐于表现自己的孩子，而那些默不作声，又没有任何记忆点的孩子，势必难以被老师立刻记住。

在那次沟通时，老师对我说，孩子挺乖巧的，就是不爱举手发言，不太善于表现自己。对于孩子来说，愿不愿意表现自己，跟性格有很大关系。有的孩子属于“人来疯”，越是人多的时候，越是愿意表现自己，引起他人关注。而有的孩子，就属于“人来静”的一派，他们可以在熟悉的人面前无所顾忌，但是在不太熟悉的人面前，就会隐藏自己的想法和情绪。

虽然我更加支持孩子做自己，但是既然老师提出了这个问题，如果家长不配合，那等于浪费了老师的一番苦心，因为老师的出发点也是为孩子好。于是，那天放学回家后，我便对女儿说：“老师说你在学校表现得不错，不过妈妈觉得你可以表现得更好，比如，举手回答老师的问题。”

女儿一听，便不好意思地笑了。几乎是同一时间，我了解了她的内心，她并不是不想回答问题，只是她不敢。果然，过了几秒钟后，女儿小声地回答我说："我不敢，我怕我说错了，老师会生气。"

"据妈妈所知呢，老师应该不会生气，因为老师的职责就是授业解惑，只有知道你哪里没有掌握，老师才能确定该教你些什么。"我对女儿说道。

事实上也是如此，老师只会因为某个孩子没有认真听讲而生气，绝不会因为孩子答错了问题而生气。

女儿没有说话，我看得出她在犹豫，一方面跃跃欲试，另一方面又不敢完全相信我的话。我再次鼓励道："不信的话，你就试一试，看看你回答了问题后，老师会是什么反应？妈妈觉得我女儿的表现一定不会差。"

事后，我怕这件事给她压力，有一个多星期都没有再提到过这件事。有一天回家后，她特别兴奋地向我展示了一朵小红花，并告诉我，这是她上课回答问题后，老师奖励给她的。她还说，她还以为老师不会叫她，结果她刚一举手，老师就喊了她的名字，把她紧张坏了，差一点儿就说错了答案。

有了这个良好的开端后，她在课堂上的表现就越来越好了。我们想要孩子取得进步，首先要让他们相信，自己可以做到。这样他们才能有勇气去尝试，并在一次次的成功中，深化这一认知，从最一开始的尝试，变成主动寻求。

多给孩子一些正面积极的暗示，在暗示中带着美好的期许，让这些期许在无形中为孩子的成长增添能量，让孩子不由自主地朝着父母期许的方向去发展，去改变。有时候，让孩子变得优秀很简单，少给孩子一些负面的暗示，多给孩子一些积极的暗示，就能让孩子变得越来越自信，越来越优秀。

第三章

责任感，是孩子内在力量的小马达

责任感，
是孩子拥有健全人格的基础，
是孩子能力发展的催化剂。
父母要用爱心、耐心和智慧，
去培养孩子的责任心。
凡是孩子能做到的事情，
尽量让他们自己负责。
父母退一步，
孩子才能进一步。
当孩子拥有了责任感，
就如同开启了内心的小马达，
浑身充满了奋发向上的力量。

有爱心的孩子，责任感更强

爱心对于孩子的成长来说，十分重要。越是有爱心的人，越容易让自己变得富足、幸福起来，人生也会更容易成就一番事业。

比如周恩来总理，他在很小的时候就有为中华崛起而读书的决心，这样的一份决心来自周总理对祖国的无限热爱。

还有疫情阶段的钟南山院士、华为的任正非，他们都有着一种仁爱的情怀，所有这些都是从点滴的爱心汇聚而来的。

而现在的孩子，从一出生就被“众星捧月”般宠爱着长大，衣来伸手饭来张口，从本质上来说，他们更习惯被爱，缺少付出爱的机会。如果一个人的心里只装得下自己，只考虑自己的得失，那他就没有多余的爱分给他人，没有多余的力量去帮助他人，不能承担更多的社会责任。

家长培养孩子的爱心，首先要让孩子拥有感知爱的能力。许多父母向我抱怨：自己对孩子疼爱有加，而孩子却一点儿也不懂得关心父母、孝敬父母。我认为这不是孩子的错，“人之初，性本善”，一定是父母的教育出了问题，或者溺爱孩子，或者对孩子缺乏爱的教育，甚至父母本身就是缺乏爱心的人。

在一次父母课堂的交流会上，我看到一位可怜的家长。为什么说她可怜呢？因为她的眼中写满了无奈与痛苦，她的女儿刚刚5岁，却总是用死去威胁她。

有一次，这个妈妈带着女儿去探亲。临走时，妈妈让女儿跟亲戚说“再见”，连着说了三遍，女儿都没有开口。妈妈有些气急，便说道：“你这样没礼貌，妈妈不喜欢你了。”

听了这话，小姑娘一瞪眼，说："你不喜欢我，我就死给你看。"说完，转身就往公路上跑。这个妈妈赶紧将孩子一把抓住，这才没有造成惨祸。

还有一次，小姑娘在写作业，其中有一个字写得不太好，妈妈就跟她说："这个字写得不太好，改一下。"小姑娘不改，还跟妈妈说："老师说我写得好，不用改。"

"老师还没有看到你写的字，等看到了，就要说你写得不好了。"妈妈耐心地劝导。

小姑娘却听得不耐烦了，把作业本往地上一扔，恶狠狠地说："我不改，我就不改，你非要让我改，我就去死。"

……

不一会儿工夫，这个妈妈已经说了不下10件这样的事，最后，这位妈妈向老师求助道："我该怎么做才能纠正她这个行为，让她不要总是用死来威胁我？"

老师听到这样的事情也很震惊，问了这位妈妈两个问题，第一个问题是："平时在家，孩子受了委屈，是不是总有人给她撑腰？"

这位妈妈回答说："家里爷爷比较娇惯孩子，平时不让打不让骂，只要挨骂，孩子就找爷爷给她撑腰。"

老师又问了第二个问题："那平时爷爷和孩子相处的模式是

什么样的呢？”

这位妈妈苦笑着回答说：“分不清谁是爷爷，谁是孙女。孩子说东，爷爷不敢往西。孩子就是要天上的月亮，爷爷都会想办法答应。”

孩子为什么会变得这样蛮横无理？答案昭然若揭。被溺爱着长大的孩子，从行为上习惯以个人为中心，情绪反复无常，缺乏自我控制能力和心理平衡能力，他们只关心自己，只顾自己的快乐，无视别人的痛苦，甚至将自己的快乐建立在别人的痛苦之上。这样的孩子，怎么能做到心中有爱，心中有他人呢？

因此，要将孩子培养成一个有爱心的人，首先我们要做到不溺爱孩子，不要让孩子养成唯我独尊、自私自利的性格。其次，父母要成为一个有爱心的人，有担当的人，用自己的实际行动去影响孩子，让孩子在耳濡目染之中，逐渐成为一个有爱心的孩子。

我爱人是一个比较有爱心的人，平时在街上看到乞讨的老人，他总是会慷慨解囊。有一次，我们在等公交车之际，看到一个衣着干净、脸色红润的老人在乞讨，但是结果不太好，走了一圈下来，也没有人愿意给钱。

当老人走到我们跟前时，我爱人立马掏出身上的零钱，放到老人的陶瓷缸子里。老人走远后，我对爱人说：“你一定上当了，这个老人一看生活就不错。”

爱人无所谓地笑了笑说：“万一人家真的遇到困难了呢？5元钱对咱们来说，可能就是锦上添花，但对于人家来说，或许就是雪中送炭。”

我听了，立刻觉得自己境界低了。我家的两个孩子，在爱人的影响下，也成了“菩萨”般的人物。

有一年冬天，我让大女儿出去帮我买瓶醋。等她回来的时候，带回来了一位“不速之客”——一只流浪狗。

原来，在买醋的路上，大女儿看到了这只小狗，小狗可能好久没有找到东西吃了，又冷又饿的它看到大女儿后，就一直跟在她身后。大女儿看小狗可怜，就用买完醋剩下的钱给小狗买了一根火腿肠。

结果小狗吃完火腿肠却不愿意离开，一直跟着大女儿回了家。“妈妈，我们留下它吧，它太可怜了。”大女儿可怜巴巴地望着我说，小女儿也连忙跟着帮腔。

我很赞成孩子力所能及地去帮助他人，但是养一只狗这样的事，未免有些超出能力范围了。因为我和爱人每天早晨都要去上班，早晨起床后，我们要做早餐，还要送她们姐妹俩上学，每天都像是打仗一样匆忙，哪里还有时间去照顾一只狗呢？

知道了我的顾虑后，大女儿自告奋勇地说：“妈妈，我每天早起15分钟出去遛狗，还有给狗狗洗澡的活儿我也包了。”小女儿紧接着说："妈妈，我可以负责喂狗狗吃饭吗？"

最终，我答应了她们的请求，而她们也确实没有让我失望。每天早晨大女儿都能准时起床去遛狗，哪怕生病了，她都会惦记着这件事。

别小看遛狗、喂狗这样的小事，有时候孩子的责任感，就是从这样一件件的小事中培养起来的。

学习固然重要，但是性格、习惯、品质、心理对孩子的成长、成才更重要，并且这些都需要在生活、学习中慢慢培养，不可能一蹴而就。想要培养孩子爱的能力，父母就应该给他们提供奉献爱心的机会和条件。例如，让他们做一些简单的家务；教育孩子关心照顾虚弱生病的亲人；教育孩子每天问候老人；给老人让座；把跌倒的小朋友扶起来等。

曾经看到过一句话："父母对孩子的教育，是一棵树摇动另一棵树，一朵云推动另一朵云，一个灵魂召唤另一个灵魂。"这句话说得太好了。我们用自己的行动，启迪着孩子的人生，让孩子在帮助他人的过程中，思考着我是谁？我要怎样生活？并在不断的尝试和失败中，最终确定自己的人生方向。一个敢于担当的生命，就这样被培育起来了。

当父母是一个有爱心的人时，孩子也会在耳濡目染中，拥有感知爱的能力。爱，能够让孩子生出更多的责任感，生活对于他们而言，不再是为了自己，而是为了更多的人，他们会为此克服各种困难，担负起这些责任。而一个孩子，无论他从哪一方面生出了责任感，都会令他们的诸多责任心建立起来，无论是对学习的责任，还是对社会的责任，他们都会放在心上。

当一个孩子心中有爱，乐于帮助别人、关心别人时，他的内心是富足的，内心的力量是充足的。当孩子能够成为别人的加油站时，代表着他们本身就充满了能量。

“后果教育”让孩子学会承担责任

我之前看到过这样一则报道：一个小学生因为在校车上欺凌同学，被校方惩罚不得乘坐校车。这已经是她第二次犯这样的错误了，为了让她认识到自己的错误，父亲让她在寒冷的天气里，步行 8 公里去上学，而自己则开着车慢慢跟在后面。

有人问该父亲：“为什么不让孩子直接坐车去学校？”父亲回答说：“不，这是她应该承担的后果，她要对自己的行为负责。”

外国的父母，似乎在“让孩子承担后果”这件事情上，特别狠得下心。一个在德国定居的朋友，在孩子上幼儿园后，跟我大谈特谈德国的“后果教育”。朋友在去接孩子的时候，发现大冬天里，孩子们有的穿着外套，有的没有穿外套，有的戴着围巾帽子，有的没有戴围巾帽子。朋友瞬间觉得德国幼儿园的老师不太负责，跟老师反馈之后，才发现不是老师不负责，而是德国法律规定，不可以强迫孩子。

因此，对于是否要穿外套、戴围巾帽子这件事，如果孩子坚决拒绝穿戴的话，那老师只能起到“提醒”的作用，却无法强制孩子这样做。对于3岁以内的孩子，他们还无法判断自己是否冷时，老师会给他们一个选择，是愿意待在屋子里？还是穿衣服戴帽子出去玩儿？如果孩子坚持不戴帽子，老师则会让他们留在教室里。

事实证明，很少有孩子真的会被冻到，因为他们感觉冷了自然会主动要求穿外套。起初，朋友对此举并不是很放心，她怕孩子真的不愿意穿衣服，最后被冻感冒。后来孩子确实因此生病过一回，但也是唯一的一回。因为那次生病，孩子突然意识到，原来不穿外套的后果还是很严重的，而他自己再也不想经历一回了。

相比较之下，我国的父母则太喜欢为孩子承担一切了。孩子打碎了玻璃杯，生怕孩子扎到，连忙一边说着：“没事，没事，一边将玻璃清扫干净。”孩子在学校犯了错，家长害怕孩子被老师惩罚，于是恨不得立刻到学校帮孩子说情。于是，孩子认为打破一个杯子没什么，下次再拿杯子时，依旧学不会小心翼翼；在学校犯了错也没什么，反正还有父母给自己撑腰。

我们以爱的名义，为孩子承担一切，希望他们能够无忧无虑地长大，但同时也让孩子缺少了对“责任感”三个字的认识。孩子内心没有责任感，让他们错误地认为学习是在为爸爸妈妈而学；遵守纪律是为了不挨批评；当班干部是为了能多一个头衔……也因此，他们在学习上缺乏主动性，常常是父母催一催，才动一动；只要老师没有看着，就小动作不断；一旦当上了班干部，就忘记了什么是“以身作则”。

如此种种行为，都是孩子在思想上缺乏对自己的成长负责的意识。父母的管教和约束，只能推动孩子一时，只有来自孩子内心的力量，才会成为长久的驱动力，持续推动着孩子。而这内心力量的来源之一，就是要让孩子自己去承担后果。

我小女儿在四年级时，班里实施班干部轮换制，从来没有当过班干部的她，第一次当上了班干部，并且还接到了一项重要的任务——收班费。结果比较贪玩儿的她，因为没能在课间及时将班费交给老师，将班费弄丢了，并且直到下午老师找她要班费，她才发现班费不知道什么时候丢了，也不知道丢在哪里了。

为了不被老师批评，她谎称班费落在家里了，等回到家后，她才着急地抹起了眼泪，她不敢跟老师说班费丢了，她担心老师

不再让她当班干部了，也担心自己无法补齐班费。

我告诉她："作为班干部，对老师隐瞒实情，这本身就是错误的行为，仅凭这一点，她就不够当班干部的资格。另外，班费弄丢了，就要想办法补齐，为自己的错误'买单'。"

小女儿听了我的话，一边哭一边将自己积攒的零花钱全部拿了出来。最后发现还缺一百多块钱。当时我看着她一脸难过的样子，很想对她说："算了吧，妈妈帮你出这份钱，下次你小心一点儿。"

但如果我真的这样做，她就无法体会到他所犯的错误对她造成的影响。于是我到了嘴边的话变成了：“妈妈可以先借给你这部分钱，因为我们不能耽误大家使用班费，但是这些钱需要你还。”

“怎么还？我又不会挣钱……”小女儿又急哭了。

“你可以从我们给你的零用钱里扣，也可以通过自己的劳动换取金钱，比如，收集废弃的塑料瓶等，或者是把你不用的玩具放在二手网上卖……”

“那好吧。”小女儿终于松了一口气，说道。

后来，她带着凑齐了的班费去了学校。我不知道她会不会勇于跟老师承认错误。父母的职责是指出孩子的错误，至于改正，还是要靠孩子自己。

中午放学回来后，小女儿跟我分享了一个好消息，那就是她勇于承认了错误，老师没有撤销她班干部的职务。至于班费，老师说这是她的错误酿成的，所以理应她来承担。

保住了班干部的头衔，让小女儿松了一口气。接下来的日子里，她走上了漫长的“还债”之路。半年后，她不但还清了欠我们的钱，还改掉了之前花钱没有规划的毛病，同时她深刻体会到了父母平时挣钱的不易。

这个结果让我十分庆幸，如果当初一时心软，帮孩子承担起这份后果，那就不知道什么时候才会有契机给孩子上这深刻的一课了。

父母不要因为舍不得，因为心疼孩子，就替孩子去承担他们应该承担的后果。只有让孩子自己去体会行为与后果之间的因果关系，他们才能建立起正确的行为准则。孩子只有承担了他们应该承担的，体验了他们应该体验的，他们才能从错误和挫折中实现自我成长和自我约束。

小小家务事，会让孩子产生大大的成就感

我曾在网上关注过一个居住在日本的五胎妈妈，那个妈妈最大的孩子已经上高中了，最小的孩子还在襁褓里。

在我们的观念里，这个妈妈每天一定忙得焦头烂额，因为我们只有一两个孩子，就已经忙得不可开交了，而她有 5 个。但让人想不到的是，这个妈妈当得十分轻松，除了最小的那个孩子外，剩下的每个孩子，自理能力都十分强。

令我印象最深刻的是老四，她正在上幼儿园，所以出现在妈妈视频里的次数也比较多。一个不到 5 岁的孩子，她已经可以自

己收拾玩具，可以帮妈妈将大家的衣服分类，还能将自己的衣服叠整齐，吃饭从来不需要大人喂，在妈妈忙碌的时候，还能帮忙看一会儿小弟弟。

看看这个孩子，再看看我自己的孩子，我似乎找到了自己疲惫的原因。孩子的书桌乱了，我便忍不住帮忙收拾；孩子的衣服脏了，我便收拾到洗衣机里；孩子的玩具摊在地上，不等孩子主动收拾，我就已经给收起来了……而这些，明明是孩子自己可以胜任的家务事。

据说有项调查研究显示：美国小学生平均每天的劳动时间为1.2小时，韩国0.7小时，法国0.6小时，英国0.5小时，而我们中国小学生平均每天的劳动时间只有12分钟。

我想出现这种结果的原因，大约是因为很多父母都像我这么“勤快”。在我们的眼中，孩子小时候不会做家务，长大后学习更重要，所以没时间做家务。但哈佛大学经过多年的调查研究，发现爱干家务的孩子和不爱干家务的孩子，成年之后的就业率为15：1，犯罪率是1：10。

为了证明这个结论的合理性，我查阅了很多资料。发现这个结论不是空穴来风。因为做不做家务，对孩子的影响真的非常大。儿童心理学家皮亚杰就曾说过：“儿童最早是通过动作来发展思维的，越喜欢动手越有利于大脑发育。”而家务活，就是被我们忽略的需要孩子动手的重要技能。除此之外，家务劳动对孩子的认知能力的发展以及责任感的培养都有着十分重要的作用。

经常做家务的孩子，能够体会到父母做家务的不易，从而更懂得体谅父母，更加爱父母。同时，经常做家务的孩子更加自信，因为当孩子能够做好一件家务时，他们的内心就会升腾起成就感，让他们认为自己也有能力做好更多的事情。最重要的是，让孩子参与到家务活当中，能够让孩子体会到身为小主人的“自主感”，从而更懂得去担当家庭的责任。

站在孩子的角度，他们也希望能够做一些家务事。记得我大女儿在 2 岁的时候，就会搬个小板凳，站在洗碗池旁帮忙洗碗。只是那个时候的我，认为孩子在捣乱，总是毫不留情地将她赶走。现在想来，我当初错失了一个培养孩子劳动兴趣的好时机。当孩子再大一些，我有意识去培养孩子做家务的行为时，孩子的兴趣明显不如小时候那么高涨了。

因此，在孩子对做家务产生兴趣时，我们不要将孩子排除在外，而是引导孩子做一些他们力所能及的家务，让他们体验到劳动的乐趣，从而渐渐培养出孩子的责任感。不过，在引导孩子做家务时，父母需要注意以下两点。

不要逼迫孩子做家务

虽然做家务有利于培养孩子的责任感，但是当孩子不愿意做这件事情时，千万不要逼迫孩子去做，所谓“强扭的瓜不甜”，逼迫孩子只会起到适得其反的效果。

在《少年说》这个节目中，一个叫付轩昂的男孩儿对妈妈说出了憋在心中很久的话，他希望妈妈不要再逼迫他做家务了，以前刷碗、擦地、摘菜这些家务都是妈妈做，现在妈妈一股脑都推给了他，还逼着他学做饭。

对此，妈妈的回应是，他是一个男孩子，如果以后既有本事挣钱，又能下得了厨房，那他就能成为一个有担当、有责任的男人，那么他的生活就会很幸福，跟他生活在一起的人也会很幸福。

妈妈的出发点是为孩子好，但却是妈妈一厢情愿的“好”，孩子未来会不会幸福还是未知数，但至少现在，孩子没有感到幸福。当孩子在外驱力的作用下感到痛苦，充满了对抗力时，那这种外驱力不但无法化成内驱力，还会成为孩子的负担，让孩子苦不堪言。

培养孩子做家务，应该是从小就进行的事情，如果父母在孩子小的时候，这也不让孩子做，那也不让孩子干，那孩子就会理所当然地认为，家务活就该是父母干的。在这种认知下，父母再开始强迫孩子做家务，那孩子自然无法接受。

允许孩子做得不够好

很多父母不让孩子做家务，是因为他们认为孩子做得不好。我身边有一个妈妈，在孩子提出帮忙刷碗时，她的回答是：“你该干嘛干嘛去吧，让你洗碗的话，你洗完了我还要再洗一遍。”

这样短短一句话，就让孩子的热情遭受了打击。首先让孩子觉得，他的任务只有学习，除此之外，他什么也不用做；其次让孩子觉得，他这件事情做得不好，让妈妈很嫌弃。如果孩子再无法从学习中找到成就感，那就会让他陷入更深的自我怀疑中。

父母首先要明确，我们培养孩子做家务的目的，是通过动手实践增强孩子的自信心、责任心，而不是让孩子如“保洁员”一样，将家里收拾得一尘不染。当然，如果孩子能够做好，那是最好不过，如果做不好，父母也不要嫌弃，更不要批评。来自父母的打击，只会让孩子对做家务这件事情失去积极性，并不能让孩子做得更好。

任何习惯的养成，都不是一蹴而就的结果，都需要长期的锻炼和坚持。因此，父母要保持耐心，多给孩子一些鼓励，这会让孩子更加有动力去做家务。

教育孩子，从来不局限于课堂中，家庭生活中的各种锻炼机会带给孩子的好处更多。看似无意义的家务劳动，却能带给孩子自信和快乐，让孩子更加具有责任心。下面是“儿童家务年龄对照表”，供读者参考。

附表　儿童家务年龄对照表

3~4岁	这个阶段，是对孩子引入负责概念的好时机，父母可以通过做游戏的方式，引导孩子做一些简单的家务，并对孩子进行鼓励和肯定	丢垃圾
		收拾玩具
		独立刷牙
		学习叠衣服铺床
		学习摆桌子
		学习擦桌子
		选择要穿的衣服

续表

4~7岁	上了幼儿园的孩子，已经能够胜任很多家务了。此时，父母可以在自己做家务的时候，邀请孩子加入，同时这也不失为亲子互动的好时机	饭前摆碗筷
		饭后收拾餐桌
		将要洗的衣服，按照颜色分类
		自己穿衣服
		洗手帕、袜子
		收拾小书包
		将用完的毛巾、牙刷摆放整齐
		学习清洗蔬菜、水果
6~8岁	上了一年级的孩子，从思想和行动上都更具有独立性了，此时父母要放手，给孩子更多独立做事的机会	将脏衣服放进脏衣篓
		写完作业，整理书包
		自己穿衣，整理仪表
		收拾书桌，保持书桌整洁
		独自做好上学前的各项准备
		能够丢垃圾，并能够将垃圾分类
		饭后收拾碗筷
		定时打扫自己的房间
		将洗干净的衣服叠好，放进衣柜
7~9岁	此时孩子的认知能力进一步提高，并且他们会对一些家用电器的使用方法表现出好奇。此时父母可以在之前的基础上，进一步教会孩子如何安全使用电器	学习使用电饭煲煮饭
		学习洗碗
		学会使用吸尘器
		学会使用微波炉
		可以在父母的帮助下，做简单的早餐

续表

8~9岁	这个年龄段的孩子，有了更多自己的想法。因此，家务劳动可以在之前的动手能力上，再加入一些动脑筋的事情，如制订家庭计划	准备菜单
		写购物清单
		和父母一起制订出行计划
		会做简单的饭菜
		能够将衣服分类清洗
		帮父母进行大扫除

拥有自主权，让孩子更愿意对自己负责

人都有一种积极向上的内在趋势，孩子也不例外。孩子在幼儿时期表现出来的种种主动尝试的愿望，如自己独立吃饭、独立穿衣、自己洗漱等，这些孩子渴望独立的表现，都是孩子的责任心正在萌芽。在成长的过程中，孩子就是通过对自我行为的掌控，来不断增强内在的责任感。

简而言之，就是父母想要培养孩子的责任感，就要给予孩子自主权，让孩子有权利进行自我管理，并且能够参与到成长的大事小事中。

就拿学习这件事来说吧。如果父母每天在孩子完成一项作业之后，紧接着又丢给他另一项任务，即便他提前完成了任务，也不能休息，还要继续做题，全程孩子都是被支配的状态，那么他们根本没有时间去进行自我思考，也没有进行自我管理的自由。

当孩子对学习失去了自主权时，他们便无法真正地参与到学习目标、作业目标的制定当中，他们会认为学习不再是他们自己的事情，而是父母的事情。

之前有一个家长对我说，她家孩子自从上了三年级，写作业就总是拖拖拉拉的，总要父母反复催促很多遍，才开始动笔写。写的过程中，孩子也是一会儿玩儿一会儿写，明明半个多小时就能写完的作业，愣是能写一两个小时。

我问她："孩子一、二年级时候表现怎么样？"

她说："孩子刚上一年级的时候，可能是因为感到新鲜，回家写作业还挺积极的，后来新鲜劲儿过了，就越来越拖拉了。"

也就是说，孩子最早对学习是充满兴趣的，后来兴趣却消失了。至于兴趣为什么会消失？这是一个值得深究的问题。毕竟按照正常的情况，孩子的兴趣只会越来越浓，不会半路消失。因为当孩子有兴趣投入到一件事情当中时，他所付出的时间和精力，会让他们从中产生成就感，而这种成就感，又会令他们更加愿意投入到学习当中。

于是我便问了下这位家长孩子平时写作业时的情形。这一问，家长像是找到了情绪宣泄口，滔滔不绝地说了起来。

“唉呀，别提了。我们家不写作业，母慈子孝，一写作业，鸡飞狗跳。每天他写作业，就跟我写作业似的。有的字，前脚告诉他怎么写，后脚他就写错。一道计算题，讲个两三遍，下次碰到，还是说不会。最可气的就是，我这边给他讲题，他那边不是玩儿橡皮，就是抠铅笔。前天把我惹急了，把他作业本给撕了，他补作业补到晚上12点，一边哭一边补，就这样还是不长记性……唉，真是愁死我了。”

光是听着这位家长的叙述，我就能够感受到来自孩子内心的压抑，原本写作业对他来说是件快乐的事，但是在妈妈日复一日的唠叨中，写作业成了一件苦差事。

其实不光是学习这件事，任何本该孩子自己去完成的事情，如果父母付出了90%的能量，替孩子做出各种决定，那么留给孩子努力的空间就只剩下了10%。如果父母再多一些焦虑，恐怕孩子连那10%都保不住了。父母的控制与孩子的自驱力是此长彼消的关系。父母管得越多，孩子的自主权就越少，进而责任心也就越小。当一个孩子对某件事情失去了担当，那自然也就无法唤起真正的内驱力了。

像写作业这种事情，本就是孩子自己的事情，父母若是插手太多，就变成了父母的事了。对此，我的经验是，在规矩之内将“管理权”交给孩子。

其实完成日常作业，还是比较简单的。因为第二天作业就要交上去，孩子出于对老师的忌惮，也会照常完成作业。比较难的是，如何在假期里保持自律。

我女儿就是这样。平时的作业完成得比较积极，几乎不用我督促，但是一到节假日，她就会放松自己，将写作业的事情一拖再拖。

归根结底，她还是没有完全形成自驱力，按时完成作业不过是受到来自老师的压力，而不得不去做的事情。一旦老师的约束来得不那么及时，她就无法进行自我约束了。但学习是她自己的事情，需要她自己承担起这份责任。

于是，在一年级放寒假时，我便问她：“假期有 40 多天，你打算怎么安排呢？”

女儿想了想，说：“嗯……写作业，看书……”

后面的她没有说，但我知道她还想玩儿，只是她不知道该不该说出来。

“只有写作业和看书？你不需要游戏或是看电视的时间吗？”我问道。

“嗯嗯。”女儿听了，赶紧点点头。

“那好，现在我们已经明确，你假期里要做的事情基本上有：写作业，看书，玩儿，看电视。接下来，你就要安排一下，什么时间做什么事了。”然后她口述，我帮她做表格。

起初她的安排是，早晨起来先看电视，然后写会儿作业，下午游戏和看书，晚上 9 点半睡觉。

我对她一早起来就看电视的安排，有些不满意，但是既然要将自主权交给孩子，那么就要尊重她的选择。毕竟她怎么安排是次要的，重要的是她能不能按照自己的安排去做。

计划表列好后，我就帮她贴在了每天一睁开眼就能看到的地方。不得不说，当孩子去完成自己安排的事情时，他们的自觉性就会变得很强。几乎不用我提醒，她就能按时做到。

但是没坚持几天，女儿就找我商量，想要改变一下计划表，我仍旧让她自己做决定。最后计划改成了：上午写作业和看书，下午游戏和看电视。这样改的原因也很简单，因为她爱看的动画片每天下午播出。

假期结束后，我问她："这个假期过得怎么样？"

她回答说："很自在，也很轻松。"

父母提出"作计划"的要求，其实就是在给孩子定规矩，有了这个前提，这个规矩究竟要怎么定，都要遵守哪些内容，则交给孩子自己来定夺。

只有我们愿意给予孩子自主权，让孩子拥有自己做决策的自由，才能让他们在一个个小小的决策中，逐步发现并了解什么才是最重要的事情。关于写作业的事情是这样，生活中其他事情也是如此。一个人，只有对自己负责，才能对别人负责，孩子只有从小就拥有自主权，才能早早就树立起人生方向，不会在人生的道路上走许多弯路。

最后，有两个小提醒需要告诉大家：

给予孩子自主权，并不代表让孩子决定一切

孩子的自主感是一点一点建立起来的，我们要先从小事上让孩子学着自己做主，比如，今天吃什么饭？早晨穿什么衣服？买什么样的文具？……最初我们可以给定一个范围，让孩子在一定范围内自己做出决策。当孩子的思维能力越来越强时，就可以把这件事完全交给孩子自己去选择了。等孩子再大一些，具有自己的判断力后，就可以将一些较大的事情，交给孩子来做抉择，而父母，只需要给予孩子一定的建议和提醒。

如果孩子遇到难以抉择的事情，父母也不要全权代劳，而是站在客观的立场，帮助孩子分析利弊，最终还是要让孩子做决定。虽然孩子有时候办事鲁莽，但是真的对未来影响巨大的事情，他们一定会认真考虑，做出对自己最有利的选择。

提前告知后果，并充分相信孩子

既然我们将自主权给予了孩子，那么就要在这个过程中，充分信任孩子，不要一边说着让孩子自己决定，另一边又否定孩子的决定，极力说服孩子服从自己的决定。这样相当于“挂羊头卖狗肉”，不但无法真正培养起孩子的自主能力和责任心，还会令孩子觉得父母不讲信誉，从而对父母失去信任。

对于孩子做出的不当选择，我们只需要告诉孩子相应的后果就好，比如，如果他们做出的选择，没有达到某种目的，那么就

要接受相应的后果惩罚。然后在孩子接受后果的基础上，将做决定的权利，完全交给孩子。

俗话说："自己选的路，就是跪着也得走完。"这是人对自己的选择负责到底的表现。孩子也是如此，只有他们自己选择的路，他们才更愿意主动地去走，并在遇到困难时，才更愿意继续坚持下去。

做内驱型父母，用行动教会孩子负责

在育儿的过程中，很多父母遇到过这样的困惑：孩子总是说得很好，但是做起来却是另外一套。

比如：孩子向父母保证，自己再也不看手机了，每天都要坚持读书。但仅仅坚持一天后，"老毛病"就犯了，不自觉地就拿起手机看了起来。当父母提醒他们该看书了时，他们总是回答说："知道了，一会儿就看。"但这一会儿，往往是几个小时以后了，或者干脆就忘记了。

说到做到，也是内心具有责任感的体现。当孩子无法做到"说到做到"时，父母不妨反思一下自己平时的行为，是不是经常有"说到却又做不到"的时候呢？

我国古代大教育家孔子曾说过："欲教子先正其身。其身正，有令则行；其身不正，虽令不从。"如果父母不喜欢读书、不思进取、耽于享乐，只是给孩子讲"好好学习、天天向上"的道理，那么即便磨破了嘴皮子，也不见得有好的结果。因为父母就"说话不算数"，那孩子又怎么能学会"说到做到"呢？

朋友的老公是个游戏迷，从大学起就开始打网游，一直到儿子都上小学了，他依旧戒不掉游戏瘾。每次他打游戏的时候，儿子就站在旁边看，有时候他兴致来了，也会带着儿子一起打两把。

在这样的"熏陶"下，孩子也变成了"小游戏迷"。由于经常盯着电子产品看，孩子才二年级，就近视眼了。看着戴着小眼镜的孩子，朋友老公痛下决心，表示自己从今以后不再打游戏了，带着孩子一起看书。

孩子见爸爸都能下如此决心，当即表示，自己以后也不玩儿游戏了，要好好爱护眼睛。

可是，朋友老公只坚持了两天，就坚持不住了。起初他想趁着孩子写作业，自己悄悄玩儿两把，反正孩子也不知道。被孩子发现一回后，他就干脆"光明正大"地玩起来，并且还给自己找了个借口——"上了一天班，太累了，打游戏放松放松"。

可想而知，孩子的结果是什么，最后也是像他爸爸一样，继续沉迷在游戏中。

美国思想家爱默生说：“孩子最终成为一个什么样的人，主要取决于他从第一个教育者那里所接受的爱的质量、陪伴和榜样示范。”父母就是孩子的第一个教育者，父母的言谈举止，犹如一本没有文字的教科书，在无形中影响着孩子的言行。

父母希望孩子能够自觉主动地去兑现自己许下的承诺，那么父母首先要做到“说到做到”。只要是说出口的话，无论多么艰难，都要努力去实现。父母首先起到了表率的作用，是孩子能够说到做到的前提。

小女儿备战中考的那一年年初，她给自己定下了一个目标，那就是考上姐姐曾经上过的市一中。市一中是我们市里最好的重点中学，能够考上那里的学生，就等于一只脚迈进了重点大学的大门。

小女儿的成绩虽然不差，但也没有好到上市一中不用费劲儿的地步。为了实现这个目标，小女儿给自己订立了一系列的学习任务，如早晨起床先背半个小时的英语，再背半个小时的语文；每天晚上做“数、理、化”的卷子各一张。

可能是为了激励小女儿，我爱人也跟着凑热闹，给自己订下了一个“减肥三十斤”的目标，而减肥的方式就是早晨跑步，晚上散步。这对一个不太热爱体育运动的人来说，算是一个不小的挑战。

目标定下的第二天，两个人就开始付诸行动。坚持了大约一个星期的时候，爱人单位举办了技能比武，为了能够在比武中取得一个好成绩，爱人每天晚上回家都要学习到很晚。

看着他疲惫的样子，我便劝说道：“不行就先别减肥了，等比武活动完了再减。”

爱人一口回绝了我的建议，他说道：“孩子还在坚持呢！我这个做家长的，怎么能先放弃呢？”

那段时间，爱人又是学习，又是健身，在毫不节食的情况下，三个月就瘦了二十多斤，整个人的精神面貌发生了很大的改变，同时也改变了之前的亚健康状态。

令我们没有想到的是，小女儿也一直在坚持。学校第一次摸底考试的时候，她第一次考进了年级前 100 名，这意味着她极有可能实现自己考上市一中的目标。后来她也真的考上了。

拿到录取通知书的那天，小女儿跟我们分享了一个秘密，她说起初她有点儿坚持不下去了，尤其是早晨的时候，好几次她都想“多睡一会儿”。但是她一想到爸爸一直在坚持，她就觉得自己“不能输”，就这样，坚持了一个多月后，她就习惯了每天早起的生活。

有人说：“推动摇篮的手能够推动这个世界。”当父母在孩子面前表现出认真负责的样子时，孩子就没有理由松懈自己，毕竟“有其父才能有其子”。

作为对孩子影响最深远的人，我们许下诺言时，一定要考虑清楚，自己是不是真的打算这样办？是不是能兑现承诺？承诺一旦许下了，那么就要当真去做。只有这样，才能做孩子的“榜样”，让孩子成为一个更加有担当的人。

优秀的家长，从来都不是致力于将孩子改造成自己期望的样子，而是永远都在做孩子的榜样。

第四章

做成长教练，点燃孩子内心的竞争火焰

竞争，
具有独特的积极的一面，
有利于孩子看清现实，
认清自我，
意识到差距的存在，
激发出孩子不甘于落后的进取心，
使他们在成长的道路上，
敢于冒险，
敢于争强，
敢于追求真理，
使他们拥有过人的胆识，
拥有积极进取的主动性。
培养孩子良性竞争的意识，
可以让孩子产生“我必须做好”的内驱力。

乐观的孩子，在困境中也会充满希望

有竞争存在的地方，就少不了困难，在面对困难时，乐观的精神是孩子强有力的武器。当一个孩子拥有了积极乐观的精神，对生活中的各种事情就会有自己的判断，他们更容易沟通，在生活和学习中也会更有自信，更愿意想方设法去解决问题。这些品质，令困难在他们面前变得微不足道。

因此，我们想要让孩子在困难面前能够勇往直前，不惧艰辛，那就要培养孩子乐观的精神。在培养孩子乐观精神的这条路上，父母是对孩子影响最为深远的人。父母是积极乐观的人，那孩子也会充满正能量，相反，若是父母整日萎靡不振，那么孩子也难以拥有积极向上的生活态度。

我有段时间特别喜欢看《奇葩说》，尤其喜欢傅首尔，看着她调侃老公，调侃孩子，就觉得生活特别有趣。后来便有意去搜索了一些关于傅首尔的资料，发现哪有什么天生乐观的人，那些乐观的人，不过是因为小时候站在困难面前时，有人往他们嘴里塞了一块糖，让他们记住了生活中的甜，所以他们才能够遇事都往好的方面想。

小时候傅首尔跟妈妈一起住在米仓里，米仓里有很多老鼠，尤其是到了晚上睡觉的时候，老鼠啃噬东西的声音，听起来让人毛骨悚然，傅首尔为此感到很害怕。妈妈见状，便对她说：“米仓里的老鼠晚上会给乖乖睡觉的小孩儿送来糖果。”

傅首尔半信半疑，但是当她乖乖睡了一觉醒来后，发现在她的枕头边真的有一颗彩色的糖果。从那以后，傅首尔不再害怕夜晚里老鼠发出来的声音。妈妈这个善意的“谎言”，在幼小的傅首尔心中，埋下了一颗“苦中作乐”的种子。

后来妈妈再嫁，傅首尔跟着外婆生活，生活更加艰苦了。她知道唯有以“战斗”的姿态面对人生，才能摆脱现实生活的困境。在这种信念的鞭策下，傅首尔从小到大，一直保持着优异的学习成绩。最终，她考上了北京林业大学，毕业后谋得了一份安稳的工作，随之便结婚生子。

在日复一日烦琐压抑的生活中，傅首尔患上了产后抑郁症，这令她一度陷入情绪的低谷之中。如果就这样消沉下去，那就不是傅首尔了。尽管日子过得消沉，但她的心里一直憋着一股劲儿，这股劲儿让她觉得自己必须做些什么来挣扎、来反抗、来勉励自己不要沉沦。于是她开始写作，坚持不断地写作，渐渐成为一个有点儿名气的作家。

小时候的一颗糖，让傅首尔学会了在困难的生活中仍旧有所期待，所以长大后，无论多么大的打击，都无法从精神上将她击败。积极乐观的思维，就是这样在父母的影响下，一点一滴形成的。

因此，在孩子面前，父母要首先成为一个积极乐观的人，尽量不要将生活中的负能量带到孩子面前。遇到生活的难题时，积极地想办法去解决，让孩子看到我们如何用乐观积极的态度，从精神上战胜困难。我始终相信，只有父母浑身充满了正能量，孩子才能从父母身上学会用积极的态度去面对生活，在遇到问题时，会主动寻找更多的方法去解决问题，而不是只会怨天尤人。

我和爱人都属于“乐天派”，我们遇到事情不会往心里放，认为人生除了生老病死，其他都是小事。在我们这种“没心没肺”的性格的影响下，我们家的两个女儿，也是两个“没心没肺”的“乐天派”。

有一次，小女儿过生日，我们全家去麦当劳吃快餐，小女儿太过于兴奋，一直处于手舞足蹈的状态，结果把刚刚端上来的可乐碰倒了。

看着可乐洒了一地，小女儿当下就哭了起来。我的第一反应是想要训斥她：“看看，刚刚让你好好坐着，你不听话，现在可乐洒了吧？”但我还没开口，大女儿先说话了，只见她立刻帮妹妹将可乐杯扶起来，看了看里面，然后说：“你看，还有半杯可以喝呢！没有全部洒掉。”小女儿一听，果然停止了抽泣，注意力从洒掉的半杯饮料上，转移到了还剩下的那半杯饮料上，没过两秒钟就又开开心心了。

还有一次，大女儿被选为学校元旦晚会的主持人，然而辛苦准备了一个月以后，她却因为嗓子发炎生了病，一度严重到无法发声的地步。为了不影响晚会排练的进度，老师不得不找了另外的同学顶替她。面对这个局面，我很替女儿感到惋惜，认为她白白付出了努力。结果女儿却安慰我说：“这样也不错，因为可以安安心心地坐在台下看表演了，而且不用担心说错词。”

“你就一点儿也不难过吗？”我生怕女儿故作洒脱。

“怎么可能一点儿也不难过呢？但是难过也没有用呀。过元旦本身就是十分开心的事情，我要是被这一点点事情影响了心情，那岂不是得不偿失吗？”女儿说道。

这就是心态乐观的孩子，不管到了什么地方，遇到了多么糟糕的情况，他们眼中看到的，心里想到的，永远都是好的一面。

当孩子拥有了乐观豁达的人生态度，就等于拥有了人生的一大笔财富。生活给予每一个人的经历与磨砺是不同的，而乐观豁达的孩子，总能够在绝望中看到希望，从黑暗中找到光亮，他们会用乐观战胜悲观，用开朗、乐观的情绪支配自己的生命，无论何时都充满着积极向上的动力。

善于竞争的孩子，能爆发出巨大潜力

很多时候，孩子做不成某件事，并不是因为他们能力不足，而是他们缺少竞争的意识，如此便很难开发出自己的潜能，无法认识到自己的实力。

再往远了说，一个不具备竞争意识的孩子，将来也很难在社会上立足。现在是一个竞争的社会，无论是考大学，还是找工作，都要经过一番角逐，才能得到一个好机会。就算是在菜市场卖菜，也避免不了要与同行竞争，谁的菜又新鲜又便宜，服务态度又好，谁的菜就卖得好。

无数的历史故事告诉我们：人无竞争，必成孬种；国无竞争，必成弱国。因此，我们要培养孩子的竞争意识，让孩子能够对外界活动做出积极奋进的反应，用不甘落后的心理展开竞争行动。这样他们才能在学习或是生活中，发挥出巨大的潜能，创造出惊人的成绩。

说到这里，很多父母会陷入一个误区中，认为“竞争”就是拿自己的孩子跟别人的孩子比，实际上并非如此。竞争是将孩子放到大环境中，让孩子看到“人外有人，山外有山”的现实，以此让孩子产生主动“比较”的心理。

亲戚家有一个名叫慧慧的孩子，孩子人如其名，十分聪慧，初中时念的是离家较近的普通中学，但学习成绩一直不错，中考时很顺利地就考上了重点高中。

进了重点中学后，慧慧一下子就感受到了自己与其他人之间的差距。以前不用费劲儿学就能在班里名列前茅，现在身边全是品学兼优的同学，慧慧只要稍不用功，就会被其他同学赶超。同时，慧慧也看到了那些真正优秀的同学，不仅学习成绩优异，还多才多艺。

在环境的“刺激”下，父母什么话都没有说，慧慧就自觉地更加用功起来。到高三时，慧慧已经从之前的二十几名，一跃进入班级前五的行列中。按照老师的话说，只要这个成绩稳定住，那慧慧考上重点大学不成问题。

人天生就有一种追求优越的欲望，孩子也不例外。当孩子产生这种欲望时，父母又恰巧能够在孩子这种意识萌生出来的时候，适时对孩子进行鼓励和肯定，那么孩子就有勇气去面对竞争。如果他们在竞争中取得了一定的成绩，就会令他们取得自信心与成就感，而这又会令孩子进一步奋发向上，从而形成良性循环。

举个简单的例子：孩子在家吃饭，父母时常追着、哄着，孩子也不见得好好吃饭，但是当孩子到了幼儿园，几十个孩子一起吃饭，只要老师在旁边说一句："我看哪个宝贝吃得最好最快？"那孩子身上的竞争意识就会立刻被激发出来，为了比其他小朋友表现更好，他们会立刻拿起小勺子，一口一口地认真吃起来。

竞争的力量能让孩子爆发出最大的潜能，创造出惊人的成绩。因为竞争对手就在眼前，如果不努力，就会被超越。竞争的心态，推动着孩子努力弥补自己的不足，只要父母能够利用这个规律，就能够有效地激发起孩子的竞争意识。但与此同时，父母也需要明确一件事，那就是鼓励孩子参与到竞争中，并不是迫使孩子必须参与。如果在竞争中，父母给孩子的压力过大，则会令孩子心理产生变化，使良性竞争变成恶性竞争。

朋友有个侄子叫笑笑，小家伙从小就很聪明，所以他父母对他寄予了厚望。笑笑 10 个月时，就被父母送进了早教中心。孩子上早教是很正常的事情，但笑笑妈妈却要求笑笑一定要表现得比其他小朋友出色。如果笑笑在早教中心表现得不够积极主动，回到家就会被妈妈板着脸"教训"一番。

上了小学后，笑笑妈妈对笑笑说："小学一、二年级一定要考双百，否则三、四年级就会跟不上。"听了妈妈的话，笑笑就将考 100 分当成了自己的目标。结果二年级一次考试中，笑笑点错了一个标点，考了 99 分，虽然已经是全班最高分了，他还是哭得一把鼻涕一把泪。

到了三年级时，学习难度进一步增加，想考 100 分不再是轻松容易的事情。妈妈对笑笑的要求变成了“班级前三名”，并且还要求笑笑全面发展。班里选拔班干部的时候，笑笑妈妈鼓励笑笑参与选举，但笑笑却不愿意，因为他不敢站在讲台上发表“竞选演讲”。于是笑笑妈妈便亲自写了一份演讲稿，然后让笑笑背下来，再去参加班干部选拔。

最终妈妈那篇“情真意切”的演讲稿，帮助笑笑当上了班干部，但同时也让笑笑的“危机感”更强了。笑笑深知自己能够当上班干部，是妈妈帮忙“作弊”的结果。渐渐地，笑笑从以前“想要努力超越别人”的心理，变成了“害怕被别人超越”的心理。在这种心理的驱使下，笑笑对那些成绩比他好的孩子产生了嫉妒，经常会在言语中诋毁那些学习成绩好的孩子。

当良性竞争变成了恶性竞争，那我们培养孩子竞争精神的用意，也就失去了意义。因此，孩子是否愿意参与到竞争当中，应该是孩子自愿的选择，而不是被动地接受，更不是被父母逼迫的结果。只有孩子主动地参与到竞争当中，他们才能更加积极地面对竞争，努力取得更好的成绩。

帮孩子战胜羞怯，他们才能迎难而上

竞争需要胆识，有了胆量，孩子就敢于尝试，敢于迎难而上，开拓进取。但有些孩子性格比较内向，明明十分有实力，可在面对竞争时，却无法战胜自己心里的胆怯。

记得有一年，我跟大女儿一起参加了亲子夏令营。在开营日那天，老师为了让孩子们尽快熟悉起来，组织了一个“破冰”游戏。孩子们都很有热情，但是有一个小男孩儿，死死拽着妈妈的衣角，要求妈妈跟他一起上去做这个游戏。他妈妈看了看其他的家长，不是坐在一边观看，就是拿着手机给孩子拍照，所以拒绝小男孩儿道：“这个游戏不允许大人参加，妈妈不能陪你去。”

孩子的眼中流露出对游戏的渴望，但是行为上却依旧不敢向前走一步。看着大家都在等他，男孩儿的妈妈有些着急了，不停地用手推搡着男孩儿，说：“快点去呀，就等你了。”可男孩儿的妈妈越是这样做，男孩儿就越是向后退。

“你看你，怎么这么胆小呀？”男孩儿的妈妈不满地批评道。

可是这句话并没有起到任何实质性的作用，男孩儿不但没有向前走一步，反而躲到了妈妈的身后。

“你要这样，下次别来了！”男孩儿的妈妈有些生气了，但这样的“激励”没有起到任何作用，反而让男孩儿彻底地放弃了“挣扎”，他不再时不时地看一下台上，而是完全低下了头。

如果说家长在这个等待的过程中感觉到十分丢脸的话，那对孩子而言，就是一种煎熬了。如果地上有缝，我想他会毫不犹豫地钻进去。于是，我拽了拽女儿的手，示意她去帮帮那个小男孩儿。可是面对陌生的环境，陌生的同伴，女儿也有些不好意思。我蹲下来看着她的眼睛说：“那个小男孩儿现在需要帮助，如果你帮助了他，你可能就会交到来到这里的第一个好朋友哦。”

本来就在担心自己会交不到朋友的女儿，听到这话立刻鼓起了勇气，走到了那个小男孩儿的身边，说：“别害怕，我们一起去吧。”

小男孩儿回头看了看妈妈，妈妈也示意他赶紧去，小男孩儿这才勇敢地迈开了脚步。

因为孩子先一步熟识起来，我和小男孩儿的妈妈之间的交流也多了起来。一天的活动下来，我了解到，小男孩儿从小跟爷爷奶奶生活在老家，上学以后才回到爸爸妈妈身边。孩子头脑很聪明，但就是生性胆小。在课堂上不敢举手发言，明明会做的题目，就是一个字也说不出口。有一次在学校发烧了，也不敢跟老师说，硬撑着放了学，走出校门就晕倒了。这次小男孩儿的妈妈带他来参加亲子夏令营，也是希望通过这种集体活动，能够让孩子变得开朗一些。

对于孩子来说，当他们想要去做某事，但又感到羞怯时，就好像被某种魔力控制着，让他们产生一种极为不舒服的体验。但羞怯是每个孩子都会经历的一种情绪，只是时间长短不同而已。偶尔的羞怯是十分正常的现象，但如果不管遇到什么事情，都用害怕与羞怯来面对，那就需要我们及时引导孩子了，否则这种羞怯的心理会陪伴孩子一生，让孩子无法面对成长过程中的种种挑战。

羞怯会让孩子不敢与其他孩子一起玩耍，让孩子不敢在课堂上举手发言，还会让孩子失去自信，在困难面前畏畏缩缩。羞怯的孩子总是喜欢盯着或是放大自己的缺点，而对自己取得的进步却视而不见，或是觉得不足挂齿。

更加重要的是，大部分羞怯的孩子，他们并不是不会或是不懂得如何解决眼前的问题，相反，他们可能更加聪明，而且也更加渴望成功，渴望拥有更多的朋友，但他们又害怕失败，害怕被人嘲笑。而这些“失败”与“嘲笑”，仅仅是孩子们臆想出来的“假想敌”。

如果孩子总是沉浸在这种想象的“困难”中，不敢迈出前进的步伐，又怎么能够做到摆脱自我限制，爆发出内驱力呢？面对孩子的羞怯，大部分父母的做法是先“威逼”，再“利诱”，最后“听之任之”，结果就是孩子越来越胆怯，情况越来越糟糕。

要帮助孩子战胜羞怯，还得从根源上找原因。造成孩子胆怯性格的原因有很多，其中有父母的性格因素，有成长的环境因素，还有受到的教育的因素……这些都会让孩子产生胆怯的心理。因此，在帮孩子战胜胆怯心理时，我们也要进行综合考虑。

平时多给孩子创造表现的机会

我们前面就说过，孩子渴望得到父母的认可，那么父母的认可怎么获得呢？首先孩子要有展示自我的机会，让孩子在不断体验成功的过程中树立自信心，打消他们的胆怯心理。类似于鼓励孩子参加学校组织的一些活动，让孩子帮忙做家务等，都是能够让孩子展示自己的机会。

给孩子创造展示自我的机会时，父母不要追求“速成”，也不要要求过高。不妨先从小事开始，一点一点让孩子找回自信，当孩子做得好时，立刻给予孩子鼓励。

日常生活中多跟孩子交流

能够经常得到父母关注的孩子，在性格方面大多开朗自信，因为孩子可以从与父母的交流中，获得归属感。相反，那些缺少父母关注的孩子，时常表现得羞怯、胆小，这表现源于孩子内心归属感的匮乏。

因此，父母要在百忙之中抽出时间来陪伴孩子，多跟孩子交流，多询问孩子内心的感受，不要将孩子扔给老人，或是用电视、电脑、手机等电子产品来代替自己陪伴孩子。多陪孩子出去走走，多让孩子接触新的事物，多跟外界交流，孩子的性格才会越来越开朗，远离胆怯的心理。

不要随意给孩子贴标签

心理学有一个名词叫“标签效应”，是指当一个人被外界用某个词描述和分类时，他的自我认同和行为会受到影响。孩子的认知能力和自我意识较差，最容易受到“标签效应”的影响。

比如：孩子不愿意跟他人打招呼，我们就说“这孩子就是胆小。”这样就会使孩子心里有了“我很胆小”的意识，这种意识在无形中束缚了孩子自信心的发展，让孩子变得腼腆、胆怯。因此，我们想要孩子自信阳光起来，就不要随意给孩子“贴标签”。

当孩子不再胆怯，他们心里的那些“假想敌”就会统统消失不见，他们不再害怕自己会失败，也不再害怕自己会被别人嘲笑，因为他认为自己能够做得很好，这会让他们无惧艰难，勇往直前。

比起精心呵护，不如培养孩子的耐挫力

常言道："温室里长不出参天松，庭院里练不出千里马。"一匹马如果不在大草原上驰骋，那么它就无法成为千里马；一棵小树在温室里是长不大的，只有经过风吹日晒雨淋，才能长成参天大树。这是自然界的发展规律，也是生物生存的必然经历。

养孩子也是如此。孩子就像是小马和小树，必须要经过历练才能成才。如果父母一味地让孩子生活在舒适安逸的环境中，无疑会扼杀孩子独立生活的能力，进而使孩子丧失竞争力。

老家有一个亲戚，夫妻俩早年出去打拼，凭着过人的头脑和勤劳的双手，积累了一笔不小的财富。但是夫妻俩只有做生意的头脑，却缺少养育孩子的智慧。

在他家孩子身上发生了两件事，令我印象十分深刻。

一件事是孩子在学校遭到了老师的批评，回家后便嚷嚷着退

学，说老师“虐待”他了。孩子当时说得十分逼真，包括老师扇了他多少个耳光，踢了他多少脚。亲戚一家听了，当时就急了，甚至没有一探究竟，就直接找学校去了。

到了学校才知道，老师根本没有打孩子，也没有踢孩子，就是因为孩子上课说话，批评了他几句。事情闹了个大乌龙，亲戚给老师道了歉，回家后却没有忍心责骂孩子，最后还因为害怕老师为此针对孩子，最终给孩子转了学。

或许老师批评得比较严厉，让孩子心里有些害怕。但是孩子诬陷老师、撒谎骗父母的行为，难道不应该被严加管教吗？而孩子的父母却选择了纵容。

第二件事是孩子大学毕业两年，都没有找到工作，他不是嫌工资太低，就是嫌工作太累。亲戚无奈，只能让他在家里帮帮忙。可他说是去帮忙，但去了却什么都不干，还总是自以为是地指手画脚。

亲戚心想：或许成了家心性就成熟了，便托人给孩子介绍了对象。相处了一段时间后，女方提出了分手，但孩子不愿意分手，竟选择用自残的方式试图挽留女方。结果女方没有回头，而亲戚老两口却吓了个半死，恨不得跪到女方面前，求人家不要抛弃自己的儿子。

年幼时，受不了老师的批评，父母选择袒护；成年后，受不了分手的打击，就选择伤害自己这种极端的方式。这个孩子，就是受不了挫折的典型。

心理学家阿德勒认为：对儿童过分的溺爱与娇纵，是孩子产生错误行为的主要原因。许多父母把孩子当作掌上明珠，不想孩子受到任何委屈，在孩子遇到困难时，主动帮助解决，满足孩子的一切要求。但在孩子成长的道路上，处处都有坎坷，时时都有磨难，父母能够帮得了孩子一时，还能帮得了孩子一世吗？

当父母无法再帮助孩子解决一切时，孩子就会觉得世界不公平，然后宁可蜷缩在一个自己为自己营造的“公平”中，也不愿意勇敢地再次“出击”。一个不具备耐挫力的孩子，不能与人竞争，也无法适应激烈的社会环境，就像温室里的花朵一样无法经历风霜，经不起挫折和打击。

生活中不如意十有八九，如果孩子遇到挫折就像蜗牛一样缩回“壳”里，那他们怎么能拥有强大的内驱力呢？因此，耐挫力是孩子成长路上必备的品质。

土耳其有一个关于“胡萝卜、鸡蛋、咖啡豆”的故事。据说是一个厨师父亲，为了使失恋的女儿振作起来，分别将胡萝卜、鸡蛋、咖啡豆放进锅中煮。20 分钟后，原本硬邦邦的胡萝卜变软了，本来脆弱的鸡蛋变硬了，而咖啡豆将无味的水变成了香浓的咖啡。

显然，这位父亲是想通过胡萝卜、鸡蛋和咖啡豆来告诉女儿，内心强大的人就像咖啡豆一样，不会因为外界环境的变化就选择屈于现实，而是用自身坚强的品质去影响环境。那我们在生活中，要怎么用“胡萝卜、鸡蛋、咖啡豆”的故事，去影响自己的孩子呢？

做“60 分父母”，让孩子学会独自面对挫折

有些孩子学不会坚强，就是因为父母管太多。一看到孩子遇

到困难和危险，就忍不住出手相助。这是父母爱的表现，但却剥夺了孩子锻炼自己的机会，无法培养出孩子面对挫折的勇气。渐渐地，会令孩子一遇到挫折，就本能地向父母求助。在父母的帮助下，孩子看起来十分强大，但是一旦离开了父母这个“外援”，孩子就像“胡萝卜”一样“软弱”了。

这一点，人类的父母应该学习一下动物的父母。小鹰出世后不久，还不具备飞行的能力时，它们会站在巢边，不断地扇动翅膀。老鹰对小鹰的练习显得漠不关心，每天只是负责外出猎食，全凭小鹰自己不断摸索。

在小鹰练飞的这段时间内，老鹰从没有去干涉小鹰学习，而是让它们自己练习。甚至一次次出猎归来，只把食物往巢里一放，便又急忙飞向狩猎场。练习一段时间后，小鹰开始试着做第一次飞行了，但是小鹰的翅膀还没有完全张开就摔了下来。小鹰们并不气馁，它们不断地尝试、不断地摔下来，最后它们终于飞上蓝天。几个月后，翅膀练硬了的小鹰们离开了“家”，开始了独立生活。

老鹰对待小鹰看上去比较残忍，但也是明智的。它们放手让小鹰自己学会飞翔，让它们独自接受风雨的考验，所以长大了的鹰才会变得那么凶猛。如果我们也能像鹰妈妈一样，只做到60分，那孩子也能像小鹰一样，拥有独自在天空翱翔的本领。

当孩子心情沮丧时，不要责备孩子

父母既不要处处维护孩子，也不要在孩子产生挫败感后，对孩子进行责备和打击，说一些否定孩子的话。这不但不会燃烧起孩子的斗志，还会让孩子视挫折为“猛兽”，认为沮丧是错误的情绪，加重孩子的无力感。

首先，我们要认可孩子沮丧的情绪，遭遇了挫折，产生了沮丧的感受，这是再正常不过的反应。其次，我们要及时安抚孩子的情绪，让孩子在脆弱的时候，感受到来自父母的关爱。最后，我们要帮孩子疏导沮丧的情绪，用支持性的话语引导孩子去分析产生挫折的原因，充分了解挫折感的根源，让失败成为有用的经验。就像是咖啡豆一样，不要将挫折视为外来的破坏力，而是将挫折内化成经验，积累到自己的生命中。

在成长的道路上，能够勇敢向前奔跑的孩子，势必会遇到挫折，但这没什么，这是他人生必经之路。孩子的耐挫力提高了，将来无论对待学习还是工作，无论走过的是顺境还是逆境，他总能逢山开道、遇水架桥，凭借自己的力量到达成功的彼岸。

拿破仑说过：“辉煌的人生，并不在于长久不败，而是在于不怕失败。”只有让孩子在克服困难中感受挫折、认识挫折，让孩子受点“苦和累”，才能培养出他们不怕挫折，越挫越勇的精神。

及时助推，让孩子觉得“我能做到”

哈佛教授心理学研究发现：家长要做的，不外乎是清楚孩子的认知，肯定其能力，给其吃颗定心丸。明确地告诉孩子，他的目标是什么，可以做到哪里，孩子就会安心朝这个方向努力。换句话说，在孩子遇到困难时，我们要及时助推，让孩子们相信“我能做到”，长此以往，想法就会变成现实！

在培养孩子的竞争意识时，我们要认识到一个现实，那就是竞争意识并不是生来就有的。尤其在遇到困难以后，大部分孩子都会产生“退缩”心理，出现没有内驱力的表现。这个时候，需要父母在后面“推”孩子一把。如果是小困难，父母要及时鼓励，让孩子重拾自信，靠自己去战胜困难；如果是较大的障碍，那父母就要及时伸出援手，让孩子借着父母的力翻越过这座“大山”。

我家小女儿天生对文字缺少一些敏感度，这让她在小学高年级面对阅读和作文时，常常感到束手无策。尤其是阅读题，她读来读去，就是找不到答案在哪里，有时候找到了，也不知道该用什么样的语言准确地表达出来。因此，每次一看到阅读题，她就本能地想要放弃。在这期间，我一直鼓励她：只要用心学，你就一定可以。

六年级第一次小测验，她的语文成绩考出了历史最低分——78 分，其中，仅阅读就扣掉了 18 分。因为在学习中屡屡受挫，小女儿有一次说出了“我最讨厌学习语文了”这样的话。当一个孩子对一门课程丝毫提不起兴趣时，那基本意味着从此这门课程也对他关上了大门。

看来，仅仅是口头上的鼓励已经不起作用了。我只好换了一种更加直接的方式，亲自参与到她的学习当中。想要让孩子对一门已经厌烦的功课提起兴趣，那可不是一件容易的事情。我首先联系了孩子的老师，因为孩子的功课跟老师有很大的关系。如果老师不欣赏孩子，那么很容易导致孩子对这门功课失去兴趣。而想要让老师欣赏你的孩子，那就需要父母与老师之间建立联系。

我所说的建立联系，并不是指送礼请客这样的方式，而是要与老师交流，要让老师看到家长对孩子学习的重视，同时也要让老师看到孩子在这门功课中所遇到的困难，以及孩子私下里的努力程度。可以说，这个世界上没有几个老师不喜欢具有上进心的孩子，哪怕这个孩子成绩不理想，只要让老师看到孩子的上进心，那么老师就会愿意去帮助孩子，并且欣赏孩子的这种品质。

跟老师沟通过之后，我开始着手分析孩子的学习情况，我将她所有的阅读练习题都找了出来，然后我们坐在一起分析，将容易出错的题目归纳总结出来。接着我给孩子买了一套阅读练习题，专门针对易做错的题目去练习。为了不让孩子有心理负担，我们每次只练习两篇文章，只攻克一种题型。

一个月后的小测验中，她的语文成绩进步到了 85 分，虽然成绩也不高，但是阅读上丢分情况却好了很多。这一下给了她不少信心和动力，主动将每天两篇阅读练习改成了每天三篇。看吧，这就是孩子的内驱力，当他们在挑战中获得了自信，他们就会付出加倍的努力，因为他们同样渴望自己变得更优秀。

我们就这样一道题一道题地攻克，她在阅读上丢的分也越来越少了。老师看到了她的进步，也对她欣赏有加，时常在班里表扬她，肯定她的进步，这让她更加自信了起来。到小学毕业考试时，她的语文成绩考出了历史最高分——97 分，一下子成了“学渣”逆袭成“学霸”的代表人物。在毕业典礼上，老师还特地邀请她给大家分享了一下学习心得。

从小学建立起来的这点儿自信，让她一直到了初中也没有再惧怕过语文。即便是面对难以理解的古文阅读，她也能做到游刃有余了。用她自己的话说，就是“学习得找对方法”，当找对了学习方法后，剩下的就交给时间了。而我们做父母的，就是在孩子毫无头绪之际，及时伸出援手，帮助孩子找到正确的学习方法，让孩子从中获得自信心。

但是帮助孩子克服困难这事，也要分情况而定，我们在帮助孩子之前，需要先征求孩子的意见，看他们是否愿意接受我们的帮助。如果孩子不愿意，我们强行插手，只会引起孩子的反感。

我大女儿在刚刚升入初中时，数学成绩下滑严重，因为比起小学那点儿数学知识，初中的数学明显难了许多。再加上其他学科的增加，让她有些应接不暇。因为一次测试成绩不理想，她那段时间总是不开心。我便试探着问她，需不需要父母拿出时间来辅导她，她几乎当下就拒绝了，我只好作罢。

孩子不需要我们帮忙，我们还能做些什么呢？一样需要我们去支持，只是这种支持变成了“不闻不问”和“随时候命”。比如她提起第二天要进行数学测验这事儿，如果回来她不主动提及成绩，我们便绝不张口去问。若是她想要买学习资料，或是想要通过网络看一些学习视频，那么我们便毫无条件地支持。

初一下半学期的时候，不知道她从哪里听来的消息，说是有一个金牌数学老师在城东开公益讲座，喜欢数学的孩子都可以去听。而我们家住在城西，来回车程至少三四个小时，但当她提出这个要求时，我几乎当下就同意送她过去了。当天，她坐在礼堂里面听讲座，我坐在车里等着她。那天的太阳大得差一点儿将我晒化，但也点燃了她对数学的激情。

讲座结束后，她学习到了几种解题思路，一路上滔滔不绝地讲给我听，而我也充当了一个认真好学的“学生”，时不时提出我的疑问，表示捧场。任何学习的进步，首先源于兴趣，有了兴趣，加上自己坚持不懈的努力，就好像得到了通往成功的“钥匙”一般。

到了初二时，数学的难度更大了，还添加了“几何”，但是大女儿的成绩却一直在进步，她的数学成绩从班级中等，一路直追到了班级前几名中。

让孩子拥有竞争的心态，是以孩子自信为前提的，而自信就是在一次又一次战胜困难后，逐渐强大起来的。帮助孩子解决困难，但不越俎代庖，在必要的时候帮助孩子打通障碍，让孩子获得宝贵的自信心，并用自信去解决更多的困难。当孩子的成就感越来越多之后，他们的自驱力也就越来越强了。

“不怕输”的孩子，才能勇往直前

孩子不愿意参与到竞争当中，有一部分原因是他们害怕输。这种想法的存在很正常，不要说是孩子，就是我们自己，在面对挑战时，也会出于本能去保护那颗“易碎”的心。人们通常认为只要不参与就不会输，不会输，心就不会痛。

人之所以产生这种想法，是因为人性最深层的需要就是渴望别人欣赏和赞美。而欣赏和赞美都是属于胜利者的。为了避免自己成为那个失败者，宁可不去尝试。说到底，人们输不起，不是害怕竞争，而是自尊心输不起。对于孩子而言，同样是如此。

孩子“输不起”，通常是由以下原因造成的：

1. 父母过度地夸赞，造成“捧杀”，所以孩子害怕失败，害怕从“神坛”坠落；

2. 父母从未让孩子体会过失败，孩子体内缺少“抗挫性”，因此无法承受失败；

3. 父母本身就输不起，时常给孩子灌输“你要赢”的观念，让孩子不敢输。

一次，同事带着孩子桐桐到我家做客，桐桐比我家小女儿小两岁，当得知我小女儿在学习围棋时，桐桐当即决定两个人对弈一盘，小女儿也高兴地答应了。

棋局刚开始，同事就鼓励桐桐道：“儿子，加油呀，把你的真实实力拿出来，跟小姐姐比试比试。”同事这一句话，包含了两层含义，一层是“儿子，你很厉害”——捧杀；一层是“儿子你要赢”——父母本身就输不起。

桐桐听了妈妈的话，立刻摩拳擦掌，准备应战。小女儿虽然没说话，但我看得出来，要是真输给比自己小的孩子，她也会觉得没有面子。一开局，两个孩子就陷入了紧张的“厮杀”当中。

因为小女儿学围棋，我也跟着学了学，所以能看出这盘棋局：

桐桐求胜心切，对小女儿步步紧逼，而小女儿则采取迂回的战术，并不跟桐桐纠缠。就这样，桐桐从一开始的略占上风，到后来被小女儿追平。

当桐桐又被连续吃了三子时，他有些着急了，连忙挡住小女儿捡棋的手说："等会儿等会儿，刚刚我没想好，这步棋不算。"面对桐桐的悔棋，小女儿虽然不情愿，但还是大度地接受了。可是没下两步，桐桐又要悔棋，这次小女儿不愿意了，说道："落子无悔。"意思是说，既然放到了棋盘上，不管是不是没想好，都不能再动了。见小女儿拒绝了，桐桐只好怏怏不乐地继续下。

下到最后，桐桐拿着一颗黑棋，迟迟不敢落下，因为棋盘上大部分都已经是小女儿的"领地"了，不管他这颗棋子落在哪里，都要面临被吃掉的危险。想了半天，桐桐也没有想好该放在哪里。

这时，同事却先着急起来，说道："要是不会下了，咱们就不下了。"同事害怕孩子输，所以阻止孩子继续尝试。至此，所有造成孩子"输不起"的行为，同事几乎都占了。

桐桐一听，犹豫了一下，将棋子放在了桌子上，说："我就不小心走错了一步。"潜台词就是，如果没有走错那一步，自己就不会面临要输的局面。

小女儿听了，自然有些不服气。为了避免气氛尴尬，我连忙说："弟弟不愿意下了，你们去玩会儿其他的吧。"

"好吧。"小女儿留恋地看了一眼棋盘，带着桐桐玩拼图去了。结果拼了没一会儿，两个人又争执了起来。原因在于，小女儿拼得比较快，桐桐每次都落后一点儿，所以桐桐就说我小女儿"作弊"，小女儿不服气，两个人你一言我一语地争吵了起来。最后，两个人只好各玩各的，互不干扰。

如果孩子一直"输不起"，那以后也"赢不了"。不管是在一场游戏中，还是在一场比赛中，父母首先就要认识到，孩子不可能永远都是胜者的角色。当孩子遇到失败，遇到做不到、做不好的时刻，父母要用正确的方式，去面对孩子所产生的沮丧、伤心等负面情绪。父母的做法，直接影响着孩子对输赢的态度和看法。如果父母认为输赢无所谓，参与最重要，那孩子也会无所谓输赢；如果父母觉得输了很丢脸，那孩子就会畏惧失败，不敢尝试失败。

孩子的成长，只有体会过赢的激动、输的失落、奋起的热血，他们才能无惧失败，痛快地享受过程、勇敢地挑战自我。历史上任何一个"常胜将军"，都是在经历了无数次的失败后，才积累了宝贵的经验，让自己能够一直赢下去。

因此，父母与其一直给孩子灌输"怎么赢"的概念，倒不如从小让孩子体会下失败，一边培养"不怕输"的心态，因为输了还可以重来；一边认识到"输"并不是什么坏事，从中意识到自己的不足之处，将来总会有赢的机会。

小女儿刚刚学围棋的时候，可以用“人菜瘾大”这四个字来形容，明明棋艺不怎么样，还总是想要找人挑战一下，而家里唯一一个会下围棋的人是孩子的爸爸，就成了小女儿的挑战对象，只要爸爸有时间，就会被小女儿抓住一起下棋。

起初，爸爸可谓是拼尽全力与孩子对弈，结果没下几步，孩子就输了。小女儿无法面对自己输得如此惨烈，言语中有些气急败坏。

爸爸很快找到了症结所在，再下棋的时候，便故意输掉，然后在孩子得意的笑声中，假装努力琢磨着说：“这一局我大意了，只顾着看自己的棋子了。下一局，我就该赢了。”这并不是在满足孩子好赢的心理，而是通过实际行动，告诉孩子，输了也没什么大不了，从中总结经验教训就好。

结果到了下一局，爸爸又故意失误，输给了女儿。小女儿很惊讶，刚刚还信誓旦旦说能赢的爸爸，怎么就又输了呢？可是爸爸也不着急，只是说了句：“哎呀，又输了，没事，还有下一局呢！”

到了第三局，爸爸果然赢了。这一次，小女儿不再为自己的输赢而焦虑了，她反而真心为爸爸赢了而高兴。

在小女儿学围棋的过程中，爸爸经常跟女儿一起对弈，从让着孩子到水平快要持平，我一路见证了小女儿棋艺的增长，也见证了小女儿心态的变化。她从输了会不高兴，到输了会真心实意地佩服对方，再到赢了也不会骄傲，她的进步真的是巨大的。

在一次围棋三段的比赛中，小女儿以一子之差输给了对手，就连我这个做妈妈的，都为她感到惋惜。我正寻思着用什么样的话语安慰她时，她却主动表示，对手确实厉害，而自己也确实有不足之处，所以她要更加努力地学习，下一次比赛时，一定要赢回来。

输了确实没什么大不了，反而还能让孩子看到自身的不足之处，这就是“失败乃成功之母”的铁律，没有失败，何来成功呢?或许,有的家长朋友会认为,这样教导孩子,会让孩子失去进取心。事实上这种担忧完全没有必要，因为赢并不是靠争强好胜的心态取得的，而是依靠过人的心态获取的。过于执着于输赢，反而会让人陷入执念中，给自身增加压力，阻碍前进的步伐。

第五章

用长远的目标感，驱动孩子前行

当孩子不知道一段路程会走到哪里，
会经历什么，
最终会得到什么时，
他们面对前路是迷茫的，
是不知所措的，
他们想要迈开腿前进，
却不知道脚该落向何方。
当孩子知道自己要去哪里，
最终会得到什么，
他们的内心也是明确的，
是充满着向往的，
哪怕他们不知道中间会经历什么，
他们依旧会勇敢地迈出第一步。
孩子的人生理想，
就是他们前进的目标，
就是促使他们前进的动力。

淡化成绩的概念，才能让孩子看得更远

随着时代的前进，大部分父母的教育方式已经进步了很多，不会再将成绩当作唯一标准去衡量孩子。但也有一部分家长，仍旧是“唯成绩论”，将成绩当作唯一的目标，从而忽略了孩子在其他方面的爱好与特长。

如果父母眼中只有成绩，就很容易造成“一叶障目，不见泰山”的错误。最明显的表现就是怕孩子的成绩落后。孩子在上幼儿园时，就让他接触一年级的文化知识；孩子刚上一年级，就让他提前学习二、三年级的知识。为了让孩子的成绩提升上来，用学习将孩子的生活安排得满满当当。

我的大学同学，夫妻俩都在北京上班，孩子出生后也在北京生活。然而当孩子幼儿园毕业后，同学却决定将孩子送回老家山东去念书。这一点让我很不理解，对孩子而言，有什么比父母陪在身边更重要的呢?

但同学说，这是为了孩子不得已做出的选择，因为北京学的知识太简单了，还不留家庭作业。这样下去，孩子会比在老家上学差一大截。

我家大女儿上二年级的时候，这个同学问我，孩子都上了哪些补习班，我回答说：“什么补习班都没上，就上了一个美术兴趣班。”

“那怎么行？”朋友感到很惊讶，“什么都不学，到了三年级会跟不上的。你没听说过‘三年级效应’吗？好多孩子一、二年级成绩不错，一到了三年级就成绩滑坡。”

而我这个同学，并不是个例。每当同学聚会，或是到了学期末，同学们之间聊得最多的内容，就是孩子的成绩。几乎每个孩子都上着补习班，有的孩子明明已经年级第一了，但是父母还是有危机感，生怕自己的孩子不学，别人的孩子学了，会超越自己的孩子。于是班级倒数的孩子在补课，班级第一名的孩子还在补课。

"三年级效应"确实是存在的，但这个效应是"双面"的，即面对比一、二年级难了许多的课程，有的孩子会进步，有的孩子会退步。

那些进步的孩子，往往不是通过提前学习而取得了好成绩的孩子，反而是上学之前什么补习班都没有上过，没有提前补习过文化知识的孩子。因为这部分孩子，没有经历过提前学习，老师讲的内容对他们而言，充满了新鲜感和挑战性，使他们更加专注于学习。这样他们就养成了良好的听课习惯，再加上课后父母对于孩子良好学习习惯的培养，或许一、二年级时在成绩上体现不明显，但到了三年级时，他们积攒了两年的"后劲儿"就派上了用场。

而提前学习的孩子，因为提前知晓了学习的内容，使得他们上课时无法集中精力去听一些自己早已经熟记于心的内容，时间长了，他们就会养成上课走神的坏习惯。再加上他们没有用心学就能取得好成绩，会让他们错误地认为，学习是一件很简单的事情，不用费心思就能学得不错。轻视的态度，也会令他们在课业突然变难的时候乱了方寸。

更重要的是，提前学习破坏了孩子在学习中的内驱力。孩子的成长规律决定了他们在什么样的年龄学习做什么样的事情，让孩子过早地学习对他们而言有难度的知识，会让孩子产生挫败感，无法在学习中建立起自信。同时，当孩子所有的时间都被学习占用了的时候，那他们就失去了自我时间管理和自我规划的自由。一个孩子没有时间用来沉淀自己，那么就没有独立思考的时间，他们就像一个提线木偶，没有学习的主动性和积极思考的能力。

另外，因为从小一直被“安排”，当他们获得了相对的自由时，往往不知所措，不知道自己该干些什么，在极度无聊的时候，手机、电脑游戏便成了他们的首选，用来消磨无聊的时光。很多在儿童时期将成绩作为唯一目标的孩子，在失去了父母的监管或是目标达成以后，都会变得迷茫，不知道自己还能追求什么。

魏永康曾经是名声响彻全国的神童，17 岁时就考进了中科院高能物理研究所硕博连读。而他的童年，更是如开了挂一般。

在他很小的时候，母亲就开始了对他的早期教育，念书、识字、背诗，几乎成了魏永康童年时期的唯一事情。在母亲的努力下，年仅 2 岁的魏永康就认识了比同龄人要多得多的汉字，4 岁时就已经有能力自学课本上的知识，因此小学他只读了二年级和六年级，并在此期间自学了高中的课程。8 岁时魏永康考上高中，13 岁考入湘潭大学，高考分数高达 602 分，秒杀了一众埋头苦读十余载的学生。

然而，到了中科院没多久，魏永康却被中科院劝退了。因为他多次挂科，几次缺席论文答辩。回到家后的魏永康遭受到了严重的打击，他完全不知道自己能做什么，于是好几年的时间里都是颓废度日。母亲拿他没有办法，小时候还可以将他关在家中学习，现在他已经成年了，母亲的管控已经失效了。

好在魏永康在颓废了几年后，终于从阴霾中走了出来，他找到了自己所钟爱的专业，重新开始学习。这一次，他不需要母亲逼迫，就能够投入到学习当中。被外驱力控制了十多年以后，魏永康终于找到了自己的内驱力。

孩子的成绩固然很重要，因为这会让孩子在人生的重要时刻，拥有更多的选择权，决定着孩子将来是否能够考上理想的大学，谋得一份心仪的工作。但如果父母把学业成绩作为衡量孩子是否优秀的主要量尺，无限放大学业成绩的重要性，就会使孩子难以建立起真正的自信以及正确的人生观和价值观，同时心理健康的素养水平也无法得到提升。

人生是一场长跑，而学习成绩只占了其中很小一部分，孩子的发展应该有更广阔的空间，孩子的眼界也应该放在更高远的地方。只有不把成绩作为唯一的追求，孩子才能去追求更高更远的目标。

坚持，能让孩子离梦想越来越近

在听京剧《沙家浜》时，里面郭指导员的一句话让我记忆深刻，他说："胜利往往在于再坚持一下的努力之中！"事实也的确如此。梦想产生的过程很简单，孩子喜欢某一事物，爱好某一领域，就会产生兴趣，兴趣让他们想要继续探索，甚至他们会将此作为自己今后的唯一追求。

但是仅仅到了这一步是不够的，兴趣会燃起内驱力的小火苗，而想要这小火苗持续燃烧下去，孩子还得坚持。孩子无论遇到什么困难，需要付出多大的努力，都能自然地专注其中，这样孩子的内驱力才会如燎原之火般熊熊燃烧起来。

2021 年 6 月 17 日，我国的神舟载人飞船离开地面，飞船上乘坐着三名航天员，他们承载着全人类的梦想登上了月球，那一刻让人热血沸腾。后面几乎十多天的时间里，我们全家都在关注着三位航天员在太空舱内的生活。

有一天，两个女儿边看边发表了自己的“观后感”。小女儿一脸向往地说：“以后我要是也能上月球转一圈就好了。”

大女儿说：“想上月球可不容易，要付出比别人更多的努力，付出比别人更多的艰辛，否则你可能还没到月球呢，就晕倒在太空舱了。”

“我能！”小女儿当下不甘示弱地说。小女儿到底能不能做到，还是个未知数，但我想让她知道聂海胜的故事，聂海胜能够成为航天员，真的是付出了常人所不能坚持的努力。

聂海胜出生在一个不算富裕的家庭中，小时候每天放学回家后，他都要帮着父母出去放羊，以减轻父母的负担。

在一次放羊的时候，聂海胜做了一个梦，梦见自己长出一双大大的翅膀，忽闪着飞上了蓝天。那时的他还没有见过飞机，心里却忍不住想，如果人能飞上天该有多好！谁也想不到，他儿时的一个梦，竟然真的在 40 多年后实现了。尽管实现这个梦的过程，是那样的艰难而坎坷。

16岁时，聂海胜的父亲离世，他的母亲一人挑起了生活的重担，聂海胜心疼母亲，便偷偷辍学干起了农活，以此补贴家用。母亲知道后，将聂海胜赶回了学校。从那以后，他便发誓一定要读出个名堂来，不然对不起母亲的辛苦付出。心中憋着这股劲儿，聂海胜成为了村里唯一一个考上了县城一中的学生，还因为成绩优异领到了学校救济金。

学习之余，他还会出去打工，无论什么苦活累活他都愿意干，哪怕只能挣几十块钱也无所谓，因为只有这样才能减轻家里的负担，他才能继续求学，只有继续上学，他才有机会实现儿时的梦想。

家里穷买不起书时，他就从同学那里借来关于飞机的书，认真研究着。在一次美术课上，他用泥巴做了三个飞机模型，模型做得像模像样，根本不像是一个从来没有见过飞机的人做出来的样子。

一直到18岁那一年，聂海胜才迎来了人生的转折点，空军部队到他们学校招生，在几百人的选拔当中，聂海胜从中脱颖而出，成为了一名中国人民解放军。面对这个来之不易的机会，聂海胜在此后的好几年时间里死磕体能、理论、技巧和毅力，终于成为飞行大队第一个放单飞行的学员。当别人问到他的飞行体会时，他只说了一句话，那就是："啥也不想，只管飞。"

34 岁那一年，聂海胜和杨利伟一起，被选为中国首批航天员。为了成为一名更加优秀的航天员，聂海胜每天训练 8 小时，其中 30 分钟的低压训练，让他浑身上下的血管乱跳；负荷 80 斤的负重训练，几乎压碎他的骨头，让他呼吸都困难；还有长达 5 天的头低位卧床训练，全程头朝下躺在床上，进食都成了问题，只能靠吸食补充营养……

如此艰苦卓绝的训练，聂海胜坚持了整整 6 年，终于在 2005

年 10 月 12 日，他乘坐神舟六号前往了太空。

小女儿听完后，对聂海胜佩服得五体投地，同时说道："上月球太难了，我还是不去了吧。"

这就是孩子，他们会因为自己一时兴起，而对某些事情产生兴趣，但这兴趣却不足以支撑他们继续坚持下去。或许这不是他们真正感兴趣的方面，又或许他们本身就缺少能够坚持下去的毅力。

毅力，是决定孩子成功的最关键因素，甚至比智商、情商、家境对孩子的影响都大。纵观聂海胜的成长轨迹，他所做的每一件事情，所付出的每一次努力，都是在为自己的梦想坚持着。他原本也是一个普普通通的小孩儿，是毅力让他最终成为一个不平凡的人。

作为家长，我们要善于区分孩子是因为缺少兴趣而无法坚持，还是因为没有毅力而无法坚持？对于孩子没有兴趣而无法坚持的事情，我们只能任由孩子放弃，因为没有兴趣的坚持是痛苦的，孩子从中体会不到乐趣，也无法调动起内驱力，这注定使孩子无法有所成就。但如果孩子是因为缺少毅力而无法坚持，那么我们就要及时对孩子进行鼓励和帮助，让孩子不要因为一时的懈怠而放弃。

首先，父母要给孩子做个好榜样，让孩子看到父母为了一件事情坚持不懈的样子，这对孩子而言，会是一种很深的触动；其次，当孩子不想坚持的时候，我们不要因此挖苦孩子，或是严厉地批评孩子，而是要多跟孩子沟通交流，了解他们内心的真实感受，找到不想坚持下去的原因，然后帮助孩子解决所遇到的困难；最后，可以给孩子讲一些关于“坚持”的故事，让孩子从名人事迹中感受“坚持”的力量。

任何伟大的梦想都不可能从幻想里出来，而任何辉煌的时刻，必定是从一分一秒的努力里得来的。一个孩子最终能够有所成就，都不是一时的兴起或是一时的热爱就能在偶然间获得成就，而是在追求梦想的道路上能够持续努力。在这个过程中，热情和执着持续增强，并驱动他们努力突破层层困难，最终将梦想变成自己可以实现的目标。

梦想实现的根本动力，还在于孩子

几乎每个家长都对自己的孩子抱着深切的希望，无一不是“望子成龙，望女成凤”，甚至还有父母将自己曾经未完成的梦想加在孩子身上，让孩子成为自己梦想的延续。父母通过孩子来圆自己未完成的梦想，弥补当初的遗憾，却没有考虑过孩子是否愿意承受这个寄托。

我女儿有一个关系不错的同学，她十分喜欢画画，曾经不止一次打听我女儿目前所在的绘画班，表示想要跟我女儿一起学。但是每次打听过后，都没有了下文，理由就是她喜欢画画，但是她爸爸却觉得画画没有用，别说当不了画家，就是能成为画家，光靠卖画挣钱，恐怕得饿死。

在孩子爸爸眼里，现在最挣钱的行业就是程序员。她爸爸年轻时候就喜欢打游戏，特别羡慕那些能够写出游戏程序的人，也一直在后悔自己当初没能学信息技术专业，因此有了孩子后，就想将孩子培养成程序员。

因此，即便孩子最想要学习的是画画，孩子父亲却给孩子报了编程课，还不停地叮嘱孩子，编程课花了好多钱，一定要好好学，不然钱就浪费了。孩子不喜欢编程，一条条指令常常看得她头晕眼花，但是她又怕浪费了父母辛苦挣来的钱，所以一直硬着头皮学下去。

我们且不说这个女孩儿的父亲是否眼界狭隘，单从孩子的角度来说，无论父母的期待多么高远，父母曾经的梦想多么伟大，但梦想最终的实现者是孩子，孩子只有在实现自己想要达成的目标时，才会产生内驱力。

作为父母，我们千万不要做那只“飞不起来的鸟”，自己飞不起来，就在窝里下个蛋，让下一代使劲飞。孩子是希望，但更是他们自己人生的希望。父母也可以有梦想，但不能干涉孩子的梦想，这样就等于不承认孩子的独立人格。孩子不是父母梦想的继承人，他们的未来，只能是属于他自己的未来，不是父母的未来，也不是整个家庭的未来。

更何况，我们凭什么认为孩子自己的理想，未来就一定没有出息呢？又凭什么能够断定，我们的认知一定是超前的和正确的呢？优秀的父母，是能够自我学习、自我审查，能够在孩子迷茫时进行引导，也能够在孩子打定主意时，陪伴孩子一起成长的家长，而不是居高临下，以“过来人”的姿态，对孩子的梦想“指手画脚”。

曾经的邻居家，当年有一个和我差不多大的男孩子。孩子的父亲是工程师。在那个年代考上大学已属稀有，又一步一步从小职员升为工程师，成为同龄人中的佼佼者，这段经历让他深信知识就可以改变命运。同时，孩子父亲认为，凭借自己多年来在行业内积累的经验和人脉，将来一定能为孩子“搭桥铺路”，所以孩子父亲一直让孩子好好学习，将来能够继承自己的衣钵。

孩子却志不在此，在文化课学习上兴趣索然，唯独对健身十分钟爱。那个时候还没有健身房，他就把父母给他的零花钱攒下来，买来健身杂志，跟着杂志上的内容进行锻炼，练出了腹肌、胸肌……身体变得越来越壮硕。

其父亲觉得他这是“不务正业”，身体练得再好，也是“头脑简单，四肢发达”，将来也找不到有前途的工作。还好孩子的妈妈比较支持，会悄悄给孩子买蛋白粉之类的营养品，还会根据孩子的需求调整菜谱。

后来高中毕业，我到了外地上大学，留在了外地工作。其间断断续续听家里人提起过这个男孩儿，他上了一所三流大学，学的是跟父亲一样的专业。但大学毕业后，因为学历不高，在找工作的时候屡屡碰壁，其父亲“恨铁不成钢”，除了必要的交流，其他时间都视这个儿子为“空气”。

男孩儿因为找不到工作，从而有了更多的时间健身。然后认识了健身房的老板，顺理成章地成了一名健身教练。积累了一定的人脉和资金后，他开了一家健身房。现在他一个月的收入，就是其父亲大半年的薪水。事情到此，其父亲才承认了孩子当初的坚持是对的，在向别人谈起自己儿子时，语气中才带有了些许骄傲。

如果说，培养孩子成长的过程，就像是与孩子同乘一辆车，那么孩子应该是这辆车的驾驶员，而父母，只能坐副驾驶。我们可以给孩子建议，可以提出意见，但是不要替孩子掌控方向盘，更不能强迫孩子按照自己制定的路线行驶，替自己去完成当初未能走完的路程。

目标要可实现，孩子才有实现的动力

不知道大家是否有这样的困惑，就是每次开学都给孩子定很多学习目标，但是这些制定得很不错的目标，却总是坚持不了多久，到了学期末一看，距离当初定下的目标，还有好大一段差距呢！

这个问题，我身边不少家长都跟我探讨过，最后将原因归结到了孩子身上，认为孩子缺少坚持的精神，所以再好的目标都坚持不下去。

事实上，问题不一定出在孩子身上，很有可能出在“目标”本身上。目标也许制定得很“高大上”，但是目标太过于笼统，导致目标无法实现。举个简单的例子，我曾经给自己定下了一个减肥的目标，但是一段时间过去后，我一斤肉都没有减掉。原因就在于，我不知道自己到底要减多少斤。目标在不够清晰的情况下，就会缺少指导性。

后来，我把“减肥”目标具体到了“减肥 10 斤”，并为此制订了计划：饮食上戒掉高油高糖的食物，减少碳水化合物的摄入量，每天坚持 40 分钟的有氧运动。坚持了两个月后，我就减掉了 5 斤体重。

给孩子制定的目标，就跟减肥的目标是一样的，如果内容太过于笼统和抽象，就无法指导孩子当下的行为。同时，目标定下了，孩子却完不成，就会令孩子无法产生胜任感，从而导致孩子内驱力受挫。

那么，我们该怎样给孩子定目标呢？我想用我朋友的例子来说一说。这个例子虽然与学习无关，但是指导性却很强。

国庆节假期的时候，朋友带着 6 岁的儿子，从济南骑行到了北京。事情起因在于孩子想去北京看一看天安门。这本是很容易实现的一个愿望。但在朋友看来，孩子现在已经上小学了，从小到大，几乎没有体验过人世间的疾苦。因此，朋友想让孩子知道，想要实现愿望，就要付出努力。

在征求了孩子的意见后，就定下了骑行去北京的目标。为了能够顺利实现这个目标，父子俩提前一个星期就开始制定实现的途径和方法。

朋友先是罗列出了两条路线，并将每条路线会经过哪里，看到什么提前标注出来，孩子根据父亲画好的路线图，选择了一条自己最愿意走的路。

接着，朋友又根据孩子的体力，将骑行的路线分成若干个部分，保证在孩子体力跟不上的时候，可以顺利找到休息的地点。内容具体到每天骑行多少个小时，什么时候停下来休息，路过哪里，吃些什么，有什么好玩儿的事物可以顺便去看一看。

最后，朋友将所有的内容，都写在了一张行程表上。整个行程表为 6 天，每一天每一项内容后面，都有相应的“打卡”位置。也就是说，孩子每骑行一段距离后，都能够在行程表上清清楚楚地看到自己的“成就”。

万事俱备以后，父子俩就出门了。一路上按照他们的计划顺利前行，但是到了最后一天的时候，他们刚刚进入天津境内，就遇上了一场暴风雨，孩子瞬间被淋成了落汤鸡。朋友担心孩子的身体，便提出了“放弃”的建议，打算给在天津的朋友打电话，让朋友开车来接他们二人。

但孩子却拒绝了这个建议，孩子认为已经坚持了一路，马上就要到北京了，却选择放弃，那就浪费了这一路以来的坚持。朋友选择了尊重孩子的想法，最后他们顺利地骑到了北京。

如果这件事不是发生在我身边，我怎么也不敢相信，从济南骑行到北京，是一个 6 岁小朋友能够做到的事情。孩子能够达成最后的目标，朋友一路上的规划起到了关键性的作用。

首先，这个目标要足够清晰，有具体的地点和时间，这就完成了订立目标十分关键的一步。很多父母给孩子订立目标，第一步就没有做好，那就是给孩子订立的目标太过于笼统，比如，新学期一定要好好学习哦，放假了要多看书哦……这些目标既没有具体的时间点，也没有将内容进行量化，在孩子心里就是一个模糊的概念。面对一个模糊的概念，孩子就是想要去实现，也会感到不知所措。那具体的量化目标是什么样的呢？比如：放假后，每天要看 30 页的《童话故事》，目标定到这一步，才算清晰和具体。

其次，这个目标要有具体的实现途径和方法。在还没有开始去实现这个目标之前，朋友就已经将这个目标该怎么去实现罗列了出来，并且做成了直观的表格，让孩子能够看清每一步怎么进行。当孩子每完成一步，就能够体会到“胜利”带来的喜悦，这将有利于孩子在实现目标的道路上，继续坚持下去。

这是目标能够得以实现的第二步，就是我们只制定了目标还不够，还要告诉孩子实现这个目标都有哪些途径和方式，将目标转化成一个个切实可行的行动计划，这样才能具体地指导孩子的行为。

最后，这个目标要有可以调整的方案。在途中遇到大雨，原计划面临着无法继续的局面时，朋友及时做出了方案调整，即让朋友开车来接。虽然最后还是按原计划进行了，但因为有了“备选方案”，才使得目标最终达成。

这是我们在给孩子制定目标时，往往容易忽略的点。很多父母认为目标既然定下了，那就一定要如约完成。但有句话说得好“计划赶不上变化”，当现实的因素导致计划无法照常进行，或是目标无法完成时，那么就要及时地对目标进行调整。

我们给孩子制定目标，完成它只是其次，最重要的是让孩子体会这个努力的过程，通过这一过程来培养其不断克服困难的精神。

目标，从最初的一个想法到变成现实，不是家长嘴上说说那么简单。如果通过我们的帮助，孩子能够在实现目标的过程中，不断地看到自己的努力变成了看得见的实际成果，那么他们就会产生成就感和自信心，并激励自己去挑战下一个目标。

尊重孩子的想法，为理想插上翅膀

记得小时候，别人问起我们的理想时，我们的回答一般就是想当“老师”“医生”“科学家”这些，因为我们那个年代，没有网络，电视机都少有，孩子获取信息的渠道非常有限。

但现在的孩子不同了，他们从小的所见所闻远超过去任何一个时代，他们快速地接受和学习着新鲜事物。因此，他们的想法总是天马行空，常常语出惊人，让父母应接不暇。

我家小女儿上二年级的时候，有一天，她写完作业就坐在书桌前发呆，一副忧心忡忡的样子。我便忍不住询问情况，这一问不要紧，我差一点儿笑出声。

她说：“妈妈，我正在发愁，我以后是上哈佛大学呢？还是去上舞蹈学院呢？”

我着实被小女儿的异想天开惊到了，心想：这是有多无知，才能如此无畏呢？况且，她是有多无聊？居然为了这十多年后的事情发愁。我当时特别想说：“赶紧去吃饭吧，别在这儿做白日梦了，你当哈佛大学和舞蹈学院是那么好考的吗？”

但转念一想，这样的话一旦说出口，就会伤害到孩子的自尊心，让她觉得自己“不自量力”。于是，稍微冷静了一下后，我问她：“你为什么会想到这个问题呢？”

“因为我很想当舞蹈演员，但是哈佛大学又是世界上最好的大学。所以我就想，万一我要是考上了哈佛大学，那我到底去不去呢？如果去的话，我就不能当舞蹈演员了；但如果不去，又觉得很可惜。”说罢，小女儿露出一副“愁死人”的表情。

话谈到这种地步，我当时真的不知道该怎么进行下去，只好转移了话题，说道：“要不你先去吃饭？毕竟无论是上哈佛还是上舞蹈学院，都得有力气才行啊。不吃饭就没有力气学习，怕是哪个也上不了。”

“也对，吃饱了再想这些烦心事吧。”小女儿小手一挥，就去吃饭了。

等到夜深人静的时候，我开始思考这件事。当我们面对孩子这些不知天高地厚的梦想时，究竟该怎么办?

首先，否定和嘲笑孩子是绝对不可取的方式。当孩子兴致勃勃地跟父母畅想他们的未来规划时，不管这个规划是否合理，是否能够达到，孩子的根本目的不是听取父母的意见，他们只是想要寻找共鸣，希望得到父母的支持。

如果这个时候，父母认为自己比孩子经验丰富，比孩子学得多懂得多，便拿出高高在上的姿态来评价孩子的想法时，孩子会感到自尊心受挫，以后他再有大胆的想法时，也不愿意跟父母交流了。

其次，不能对孩子的想法感到失望。当然，我家小女儿的想法足够大胆和高远，所以谈不上失望。但孩子的想法未必都是这样高大上的，有的想法在某些成年人看来很没出息。记得我家大女儿小的时候，家里请了保洁员来擦玻璃，她看到保洁员吊在钢丝绳上擦玻璃的样子，觉得很厉害，便对我说："妈妈，我长大后想当擦玻璃的人。"

这话传到了孩子奶奶的耳朵里，孩子奶奶立马说："那多没出息？没文化的人才干擦玻璃的活呢！"女儿听到奶奶这样说，原本兴奋的表情立刻变得有些不知所措起来。

家长都希望自己的孩子拥有“鸿鹄之志”，但在孩子还小时，“鸿鹄”与“燕雀”在他们心中没什么差别，所有让他们向往的“梦想”，都一样厉害，一样伟大。如果父母对他们的想法表现出“看不起”时，就会令他们产生自我怀疑。更何况，职业没有贵贱之分，都是在为整个社会、整个人类做出贡献。因此，给孩子灌输什么有本事、什么没出息的概念，也是不可取的方式。

对此，我的一个朋友就做得很好。她和女儿在看电视时，小姑娘看到土匪起兵抗日，激动地说："妈妈，我以后也要上山当土匪。"

孩子妈妈听了，不但没有责备孩子，反而对孩子说："那你一定要当一个为民除害、保护弱小的好土匪。"

"对，我就是要当好土匪，我要保护爸爸妈妈，我还要保护老师和同学。"小姑娘说得一脸豪气。小姑娘以后真的会成为土匪吗？当然不会。等她大了，她就会知道当年说当土匪是多么可笑的事。单从梦想实现的角度上来看，父母的支持并没有换来孩子梦想的实现，那父母的支持是不是就多余了呢？当然不是。梦想，就像是内驱力的牵引器，它激发出孩子的内驱力，孩子在努力的过程中，自然会有所收获。

朋友对女儿口头上的认可，就让她女儿成了一个十分"讲义气"的孩子。小姑娘现在上四年级了，在班里的人缘十分好，因为她总是自告奋勇地去帮助别人。因此，不管是男生还是女生，都愿意跟她一起玩儿。班里举办什么活动的时候，老师常常点名让她当组织者，因为她在班里可以做到"一呼百应"。

这就是我们不能嘲笑、不能看不起孩子梦想的原因。或许孩子这个梦想脱离了实际（主要是孩子对"土匪"这个概念，根本不清楚），永远都不会实现，或许随着年龄的增长，孩子自己就放弃了曾经的梦想，不管什么原因，梦想虽然没有实现，但是孩子在追求梦想的过程中，都能收获一些技能。更重要的是，孩子在这个摸索的过程中，能够进一步认识自己，看清自己，更有利于他们找到适合自己的发展之路。

可能有些家长会疑惑，如果孩子的梦想完全不可取，父母还要采取支持和肯定的态度，那不是“助纣为虐”吗？我们当然不能凡事都支持，如果孩子有明显的违法犯罪反人类的想法，那我们必然要及时阻止，并进行正确的引导。除此之外，如果孩子的想法，仅仅是我们“不能苟同”的，那我们就选择尊重。就像我的选择一样，不发表任何观点，只是让孩子把话说完。

当我们能够从孩子的角度出发，去理解他的感受，认同他的情绪，并尊重他们的想法时，孩子会变得会更愿意对父母倾诉，给父母了解他们的机会。同时，父母的尊重，能够让孩子产生“自主感”，使他们觉得未来掌握在自己的手中，他们也明确知道自己想要什么和努力的方向，因此他们会努力地进行自我管理，让自己变得更加优秀。

第六章

保护孩子的探索精神，触发其对未知的向往

在孩子的精神世界中，

他们渴望成为一个发现者、研究者和探寻者。

孩子天生喜欢探索世界，

强烈的好奇和尝试的渴望，

使孩子从幼年时期，

就拥有了探索实践的行为。

如果父母为孩子的探索精神提供了养分，

那孩子的探索需求就会像雨后的麦苗般茁壮成长，

求知的兴趣火焰也会越燃越旺。

当孩子睁大眼睛去观察，

伸出小手去触碰，

开动脑筋去思考，

提出无穷无尽的问题时，

内驱力也在一点一点地觉醒。

用“为什么”启动孩子的大脑思考装置

爱玩好动、对新鲜事物充满好奇心是每个孩子的天性，是一个孩子不断学习与探索的原动力。瓦特看到水烧开形成的蒸汽，产生了好奇，经过不懈的思考，发明了第一台蒸汽机；牛顿看到落地的苹果，感到好奇，经过冥思苦想，发现了万有引力定律。

好奇心就像一种神奇的能力，它吸引着孩子对新奇的事物产生思考，不断提出“为什么”，并为了寻找答案而不断进行探索。身为父母，我们要保护好孩子的这份好奇心，让孩子的成长空间更加宽阔一些，让他们的未来充满更多的可能性。

我家大女儿刚学会走路的时候，经常围着茶几转，因为茶几可以很好地辅助她走路。有一次，我坐在茶几旁一边剥蒜，一边看着她，同时一边看着电视。我看着电视渐渐就入了迷，等回过神来的时候，发现她不知道什么时候把我放蒜皮的塑料袋拿走了，正一把一把地把蒜皮掏出来。

这要是都掏出来，蒜皮岂不是要“飞”得到处都是吗？我正想伸手阻止她，却发现她似乎在研究什么。只见她抓了一把蒜皮出来，然后将手举得高高的，接着松手，蒜皮纷纷扬扬地落下来，而她的眼睛就一眨也不眨地盯着看，直到最后一片蒜皮落下，她才接着去抓第二把。

我一下子明白了，她不是在故意捣乱，而是发现了“新大陆”，那就是蒜皮会“飞”。我庆幸自己“晚”了一步，没有阻止孩子的行为，否则一定会“错怪”孩子淘气。

孩子发现了我在看她后，立刻兴奋地向我展示她的新发现。我趁着那个机会，顺便教了她几种蒜皮的新玩法，比如，她站在茶几的一边，我站在茶几的另一边，我用力将蒜皮吹向她，她再用力将蒜皮吹向我；或是我们站在同一边，比赛谁吹蒜皮吹得更远……

那天虽然我们将蒜皮吹得到处都是，收拾起来也费了一番工夫，但我觉得很值。我深信那一次的游戏给她留下了深刻的印象。后来在她的成长足迹中，她试过让很多东西飞上天，比如，塑料袋、羽毛、棉絮、蒲公英等。

一个人能得以不断地成长，很大原因是有好奇心的存在，好奇心是知识的萌芽，那些成大家的科学家、艺术家或者其他领域的杰出人物几乎都是好奇心很重的大孩子、老顽童。

因此，当孩子总是追着我们问“为什么”时，我们不要觉得烦躁，应该感到欣慰，因为我们的孩子是一个好奇心旺盛的小孩儿，他们充满了求知欲。作为家长，我们要及时给好奇的宝宝们供给“养料”，让孩子的求知兴趣得以滋长，并能够进一步转换成学习与探索的动力。

说到这里，可能有家长会发愁，很多家长不是不想保护孩子的好奇心，而是实在不知道该怎么应对孩子那“十万个为什么”，毕竟孩子的“十万个为什么”范围要远远大于书本中的“十万个为什么”。其实，保护孩子的好奇心，并不意味着我们要完美地回答孩子所有的问题，我们向孩子展示的，是我们的态度，而非知识量。

保护孩子的好奇心，就要认真对待孩子的问题

我们可以回答不出来孩子的问题，但是一定要用认真的态度去对待孩子的问题。如果问题正好是我们擅长的，那我们就要拿出耐心来给孩子讲解，或是引导孩子自己去探索答案。对于比较复杂的，难以用言语解释清楚的问题，我们可以陪着孩子做做实验，在动手的过程中，让知识得以延伸，让孩子获得更多学习的快乐。

如果我们无法回答孩子的问题，那也要让孩子知道，爸爸妈妈很重视他们的问题，并且十分欣赏他们这种善于发现问题，提出问题的能力，然后明确地向孩子表示，这个问题爸爸妈妈也不太了解，但愿意跟孩子一起去寻找答案。

在对待孩子爱发问这件事上，最忌讳的就是表现出不耐烦和忽略的态度，这会让孩子在面对问题时，不愿意进行思考，这对孩子好奇心的发展十分不利。

与孩子交谈时，多用启发性的语言

很多家长在与孩子交流时，喜欢用“命令”的语气，比如，当孩子站在门外时，父母会说：“站在外面不冷吗？赶紧进来！”表面上父母在询问孩子是否感觉冷，实际上父母的语言中已经包含了答案，那就是“外面冷，赶紧进来”。看似在询问，实际在命令。

而这种沟通方式，会随着孩子的成长，渐渐被孩子讨厌，使孩子不愿意与父母交流。与命令式交流相反的方式，是“启发性交流”，即让孩子参与到解决问题中。比如，当孩子站在门外时，我们可以说：“你觉得外面冷吗？要不要选择一个暖和点的地方待着？”

同样的场景，意思差不多的问话，但是后者却能够启发孩子自己去思考问题，并引导孩子去解决这个问题。孩子或许不能像大人一样，在第一时间意识到自己的错误，或是哪里出了问题，但是他们能够通过思考认识到错误，找到问题的根源，这要比父母直接告诉他们答案，让他们印象更加深刻。

孩子的好奇心，可以被父母的无知摧毁，也可以被父母的爱心培养出来。多鼓励孩子问“为什么”，多启发孩子思考，多引导孩子去看、听、闻、思。当孩子的好奇心越来越旺盛时，不用父母催促和管教，孩子就会自主地去学习了。

支持孩子大胆尝试，培养孩子的冒险精神

俗话说："抱大的孩子不会走。"在大部分父母眼中，尝试是冒险的开始，冒险就意味着危险和失败，因此父母总是阻止孩子进行各种尝试。如果孩子在成长的过程中，没有大胆探索的经历，缺少勇敢尝试的机会，那么孩子的内驱力，就如同在体内做"困兽之斗"，无法找到发挥的突破口。

在一次朋友聚会上，朋友雨欣将她 5 岁多的儿子也带来了。雨欣是大龄生子，年近 40 岁才得到这么一个孩子，全家都将这个孩子捧在手心里护着。

聚会那天，大人们都坐在客厅里聊天喝茶，孩子们就聚在一起跑来跑去。因为雨欣的儿子最小，孩子们对他很是照顾。但尽管这样，雨欣还是不放心，一直跟在孩子的身后。孩子想跟哥哥姐姐们一起玩儿，刚跑起来，雨欣就将孩子一把拉住，说："不要跑，小心摔倒。"

过了一会儿，孩子伸手就去拿桌子上的玻璃杯，雨欣连忙抢先一步将水杯拿走，说："里面的水烫，不能摸。"孩子又去拿茶几上的水果叉，雨欣看到后一脸惊恐，赶紧从孩子手中夺过来，说："你要吃什么跟妈妈说，妈妈帮你插叉。你不能用这个叉子，会插到嘴。"

其间，雨欣要去卫生间，不放心孩子一个人在外面待着，便嘱咐我帮忙看着。雨欣走了以后，小家伙又想吃水果了，只见他小心翼翼地拿起水果叉，准确无误地叉起一片苹果，然后毫无偏差地放进了自己的嘴里。紧接着，第二块儿，第三块儿……我在一旁看得紧张万分，可是人家吃起来却是"从容不迫"，从头至尾，都没有扎到嘴。可见，根本不是孩子什么都不会，而是大人认为孩子什么都不会。

父母总认为孩子还小，什么也做不来，时刻需要父母的呵护。因此，父母就变成了"保镖"，恨不得24小时守在孩子身边，将一切危险挡在孩子的身后。或许孩子会因此减少一些不必要的伤害，但同时也缺少了很多独自尝试的机会。而一个缺乏尝试机会的孩子，很容易墨守成规，不敢去体验陌生的事物，长大了很可能性格消极、依赖性强，意志薄弱，责任感差。

探索，几乎是孩子与生俱来的需求，这种"需求"使得孩子总会竭尽所能、集中精力去探索新事物。孩子的胆识和知识，都是靠着在生活中不断地“摸索”建立起来的。刚出生几个月的孩子就会津津有味地吮吸手指头；一两岁的时候，孩子开始探索别人的情绪，他通常会把一个东西故意扔地上，然后饶有兴致地看着大人会有什么反应；孩子到了三四岁后，会在玩耍中探索生命、家庭关系等深层次的问题……随着年龄的增长，孩子对事情有了更多的看法和理解，他们总是想按照自己的想法去做事情。

也许有些事情在父母的眼中很可笑，甚至父母已经提前预知了结果，但是都不要阻止孩子的探索和尝试，因为只有真的尝试过了，他们才知道这个想法究竟是对是错。也只有亲自尝试过了，孩子才能获得生活的体验，从中感受到巨大的欢乐和成就感，从而更加热衷于探索和发现。

我们要保护好孩子的人身安全，但同时也要保护好孩子的探索欲望。在确保安全的前提下，尽量为孩子提供更多的探索体验。

记得我家小女儿 3 岁多的时候，特别喜欢自己搭配衣服。经常翻箱倒柜地找出一些她认为“漂亮”的衣服，套在自己的身上。

有一次，天气已经很冷了。她从衣帽间里翻出了我收纳好的夏季凉鞋，觉得凉鞋上面的小猫很好看，便穿在了脚上。等到我们要出门时，我打算给她换鞋，她说什么也不愿意，就是要穿着小猫的鞋子出门。

为了说服她，我特意让她看了看我穿的鞋子，还让她摸了摸厚度，告诉她说：“现在外面冷，穿着这双鞋子出门，会将小脚丫冻坏。”但她丝毫听不进去。最后，我只好拿出一个袋子，装上她的运动鞋，然后任由她穿着凉鞋出门。

刚出门时，她还没有觉得冷，穿上那双凉鞋仿佛自己就是那条街最美的女孩儿，走路都带着“风”。但过了一会儿，她就觉出不对劲儿了，可怜兮兮地对我说：“妈妈，冻脚。”

“那冻脚怎么办呀？”我故意问道。

“换鞋。”小女儿指着我手中的袋子问。

她倒是很机灵，看到了我出门特意为她装了一双鞋子。

于是我赶紧蹲下给她换鞋，小脚丫果然冻得冰凉冰凉的。换好鞋以后，又走了一会儿，脚丫子暖和过来了，小女儿高兴地向我汇报道：“妈妈，我的脚丫暖和了。”

第二天，她依旧很钟爱那双凉鞋，但是出门前却果断地换上了运动鞋。

我在一旁，连忙将“马屁”拍起来，“哎呀，宝宝真聪明，知道出门换鞋子了。”

她听了，一副小大人的语气对我说：“外面冷，不能穿有窟窿的鞋子，会冻脚的。”

这不就是我昨天告诉她的话吗？怎么反过来成了她“教育”我的话了呢？可见，有时候父母的苦口婆心，不一定能够“忠言逆耳利于行”，很多都被孩子自动屏蔽了。只有他们自己通过实践得来的结论，才能深入他们的大脑。

因此，当孩子对冒险性的活动产生兴趣，想要进行探索时，父母要从容对待，并不失时机地给予肯定和赞赏。不要为了孩子的安全，就不许孩子去探索，不让他们去体验陌生的事物，那样孩子就会成为永远驶不出港口的“船”。

在保证孩子安全的前提下，我们要做一个爱的守望者和支持者，一边给孩子最好的守护，一边陪着孩子开启探索世界的奇妙之旅。父母的支持，会像一剂神奇的养料，给孩子走在未来成长之路的双脚，注入无限的动力。

自由的孩子，善于发现更广阔的世界

在我养育两个孩子的过程中，发现了一个有趣的现象，那就是明明为同一父母所生，但老二却比老大更加机灵，更加会“审时度势”，在姐姐与妹妹的屡屡“交锋”中，小 5 岁的妹妹时常能够以“压倒式”的优势，“打败”姐姐。

而这个现象还出现在许多二胎家庭中，大部分老二都比老大更机灵。这里的机灵，并不是指智商上的差距，而是指在面对一个问题时，老二的心思更加活泛，并且能够为自己争取更大的利益。出现这种现象的原因，就在于那句在网络上流传甚广的话：“一胎照书养，二胎照猪养。”

就拿我家来说吧，老大作为家里的第一个孩子，一出生就得到全家人的关注，所以老大的成长过程，一直都是“精养”。直到5岁，她的饭菜都是单独做，我们生怕大人的饭菜会不合她的胃口。无论是哪方面，我和孩子父亲都是一刻也不敢放松。

而老二是家里的第二个孩子，此时我已经过了初为人母时的那种激动，同时养育两个孩子，时常让我感到分身乏术，老大小时候哭上两声，就会立刻被抱起，但是到了老二这里，我的心理就变成了“先哭着吧，等我把饭吃完”。于是老二一直都是“放养”着长大，只要别磕着碰着，健康快乐长大就行。

而老二们就在这样的放养中少长出了不少“心眼儿”，因为少了很多管教和约束，多了一些自由的空间，使老二们有更多的时间去探索周围的一切，也更懂得如何掌控自己。也因此，家里的老二看起来都比老大懂事，更加讨人喜爱，其实就是老二拥有了比老大更多的“自由”而已。

或许很多父母都没有意识到这个问题，认为自己已经给了孩子很多自由，买玩具时会让孩子选自己喜欢的，出去玩儿会选孩子想去的地方，但这些“自由”只是在父母允许下的自由，当孩子想做的事情不被父母允许的时候，孩子就失去了“自由”。

记得有一次去朋友家，看到她正在满屋子找遥控器。我便建议说：“每次用完放在固定的位置不就好了吗？”

朋友摇着头，一脸无奈地说：“之所以到处藏遥控器，就是怕孩子找到。”因为她家孩子喜欢玩儿遥控器，拿上以后就会乱调频道，要么就往地上扔，有一次把遥控器扔到了鱼缸里，现在这个遥控器，已经是换的第三个了。

“那就把以前的旧遥控器拿给他玩儿呗。”我再次建议道。

“旧的都扔了。再说了，遥控器又不是玩具，不好随便拿给他玩儿。”朋友说完，终于想起了遥控器藏在了哪里。等找出遥控器后，孩子看到了便伸手去抢，朋友则将手举得高高的，说：“宝宝乖，不可以玩儿遥控器。”

孩子抢了半天，没有抢到，郁闷地哭了一会儿，便转身去别处玩儿了。

我相信，在朋友的心里，她一定不觉得自己限制了孩子的探索自由，她觉得这是在给孩子定规矩，但这并不是真正意义上的规矩，只是一个简单的限制。表面看父母在很用心地引导孩子，但实际上就是对孩子教育上的懒惰行为，用简单粗暴的指令，对一个弱小的孩子发号施令，让孩子听话，从而减少父母的带娃负担。

让孩子自由地探索世界，自由的是孩子，受累的是父母。为什么这么说呢？因为自由并不是把撒手不管当成静待花开，而是懂得“自由”的艺术，绽放的是孩子的思想，让孩子在无拘无束的环境中进行探索，在保障了孩子足够“自由”的基础之上，父母有意识地对孩子的行为习惯进行引导，引导孩子朝着更好更优秀的方向前进。也就是说，父母既要时刻准备着打扫孩子自由探索后的“战场”，还要时刻捉摸着怎样在不影响孩子自由的情况下，约束孩子的不良行为。这个太需要父母的智慧了。

之前看到过一篇媒体对华为天才少年稚晖君的采访，瞬间被他们父母的教育方式“圈粉”了。

稚晖君是一名90后，他在B站上拥有超高的人气，被网友夸赞“除了不会生孩子，其他什么都会”。他会发明创造，还会画画、弹吉他、剪视频等。让人印象深刻的是，他因为在雨天骑车摔倒，受了点伤，便想要将自行车改为自动驾驶。通过多次尝试后，一辆自动驾驶的自行车成功上路。

在不了解稚晖君的家庭前，我觉得这样一位优秀的孩子，他的父母一定也是“全能手”，否则怎么去培养孩子多方面发展呢？结果出乎意料的是，稚晖君的父母都是厨师，跟科技丝毫不沾边，在培养孩子方面，他们也没有多么高深的教育理念，就是“不管”。

怎么个“不管”法呢？小时候的稚晖君喜欢“拆家”，总是将家里的电视、音响、收音机等拆开，研究里面的构造。对此，父母不但没有过多地责怪他，反而特地给他买来了一些旧电器，让他尽情地拆卸。

对于稚晖君的种种兴趣爱好，父母从来不多过问，也不加干涉，就只有一个条件——不要影响学习。对于稚晖君未来的人生规划，父母也从来没有“指手画脚”，唯一的原则就是“有出息”。

从小就拥有相对的自由和选择的权利，让稚晖君成为一个“敢想敢为”的少年，保留了对科学最本能的兴趣和求知欲。他选择去做的事情，全都是出自内心真实的喜爱之情，他所选择的专业，也绝对是自己发自内心想要去探索的领域。

稚晖君父母的智慧之处，就在于他们懂得“抓大放小”，抓住孩子大的发展方向，放过孩子身上一些细枝末节的不足，然后给予孩子自由探索的空间，让孩子在自由的探索中，找到自己愿意为之努力的发展方向。

同时稚晖君的父母心态十分好，他们看得长远，并不急于让孩子取得一时的成绩。他们让孩子以自己的节奏和方式去成长，只要孩子整体的发展方向没有错，他们就愿意等着孩子在自由的探索中，逐渐发光发热的那一刻。

在放任孩子自由探索的背后，是父母使用“谋略”点燃孩子内驱力的过程。只要孩子的内驱力被触发起来了，他们很快就能“快马加鞭”地奔跑起来，成为那个父母“不管”。也能自学成才的“天才少年”。

在孩子探索世界时，不要试图打扰他

你是否会在孩子探索世界时，去干扰他呢？我们通过两个例子来测试一下。

例 1：你带着一个 3 岁的小孩儿在公园玩耍的时候，忽然发现孩子蹲在一棵大树下一动不动，好像发现了什么，这个时候你会怎么做呢？

选项 A：过去拍拍孩子的头，问道："宝贝，你这么专心看什么呢？"

选项 B：不声不响地走过去，蹲在孩子旁边，顺着孩子的目光看过去，寻找让孩子感兴趣的点在哪里？

例 2：4 岁的孩子正在客厅堆积木，你做好了午饭喊孩子吃饭，在厨房喊了一声，没有得到任何回应，于是便走到了客厅，发现孩子正在专心致志地堆积木，此时你会怎么做呢？

选项 A：大喊一声："别玩儿了，赶紧洗手吃饭，吃完饭再玩儿。”

选项B：默默离开，将饭菜盖住保温，等孩子玩儿完以后主动过来吃饭。

如果你的答案都是“A”，那么很遗憾地告诉你，你经常会干扰孩子的探索；如果你的答案都是“B”，说明你很注重培养孩子的探索精神。

很多时候，孩子看似在做无足轻重的事情，比如，玩玩具、翻书、涂鸦、对着天空发呆……这些行为似乎干扰起来也没什么大不了的，单看一件确实如此，但如果事事件件都连起来，放在更宏观的角度去看待这个问题时，问题就严重了。当孩子专注于探索当下的世界时，总是被父母干扰，那孩子的专注力就无法得到更好的培养。而一个缺少专注力的孩子，他的内驱力就无法持续有效地发挥作用。

具体表现为：自控能力差，缺乏长期坚持的能力，极容易受到外界的干扰和诱惑，容易产生上瘾行为和依赖行为。

在养育大女儿时，我就是选项“A”，总是认为一切事情都大于孩子的游戏，直到后来得知，孩子的游戏不单纯是游戏，而是一种向外的探索。我才意识到，自己在无形当中干扰了孩子的探索需求。后来为了培养孩子的专注能力，又费了一番周章。所以在养育小女儿的过程中，我极力管住自己不去打扰孩子，让孩子能够全身心地专注于自己的探索当中。

记得小女儿 4 岁半的时候，在商场看到了一套乐高玩具，她十分喜欢，请求我买给她。之前她都是看着姐姐拼乐高，姐姐害怕她搞破坏，从来都是只让她看，不让她碰。我估计她的心里早就已经蠢蠢欲动了，于是便答应了她。

拿到乐高后，小女儿就迫不及待地想要回家，简直一刻钟都等不了的那种着急。回到家后，她甚至来不及回到自己房间，坐在客厅的地上就拼了起来。很快一个多小时就过去了，孩子奶奶做好了饭菜，喊了两遍“开饭了”，小女儿都像没听见一样。

在奶奶心里，吃饭可比玩儿重要多了，于是准备走过去，将小女儿“拎”到饭桌前，这时我连忙上前阻止了婆婆，并对老人说：“孩子这么专注，还是不要打断她了，我们给她留出一些饭菜来，等她感觉饿了，我热给她吃。”

“这……这能行吗？吃热乎的饭菜多好。”婆婆还有些担心。

“饭菜顿顿都吃，晚吃一会儿没有什么，但孩子能这么专注的时刻可不多见，自发主动地努力，多么难得呀。”

婆婆听了，点了点头，算是默认了我的说法。那一天，孩子拼乐高拼到了下午一点半。中途她有拼不上来，气得“呜呜”哭的时候；也有看不懂图纸，向我求救的时候。除非她主动找我，否则我绝不主动跟她攀谈。

当终于拼好的时候，她满足地伸了个懒腰，对我说：“妈妈，我好饿呀。真是奇怪，怎么刚才我一点儿都不饿，一拼完了就这么饿呢？”

我听了这话，发自内心地为孩子感到高兴。这是她第一次尝试长时间地专注于一件事情当中，并从中体会到了专注时内心产生的快乐与满足感。

当孩子全身心投入到一件事情当中时，家长能够做的事情，就是不打扰，哪怕你认为孩子此时应该喝水了，应该吃饭了，应该睡觉了，甚至是应该需要你出手相助了，也不要贸然打扰孩子，别去做那个“打扰者”。

孩子的专注力不是被培养出来的，是被保护出来的。如果父母能够做到让孩子专注完整地做完他们想做的事情，孩子就会有持久的专注能力，一旦投入到自己喜欢的事情当中，就像穿了“金钟罩”一般，丝毫不关心其他事物的变化。并且，这种专注的能力逐渐变成他自身具有的品质。拥有了专注的品质，还愁孩子在探索的过程中，找不到乐趣吗?

小女儿上二年级的时候，学校组织孩子们参加兴趣班。不知为何她选择了围棋班，毕竟在这之前，她只上过舞蹈班。老师还说她过于活跃，有她在的教室里，从来不担心没有气氛。因此，我有些担心她无法一坐就是两三个小时。

不过我并没有将自己的担心告诉她，如果她觉得不适合自己，自然就会选择放弃了。结果没过多久，她回来告诉了我一个好消息，那就是她可以提前学围棋了。

原来，围棋班的孩子并不是一上来就开始学下棋，而是先进行一番考核，考核的内容就是“夹黄豆”，用筷子将黄豆从一个碗里，夹到另外一个碗里。单纯地从技术角度来说，这项考核没什么难度，但是要夹一整节课，并且尽量不使黄豆掉在地上，那可就不容易了，这需要孩子拥有极高的专注能力。

而小女儿竟然以明显的优势，通过了老师的考核，我忍不住对她竖起了大拇指。后来小女儿一直坚持学围棋，活泼好动的她，也只有在下围棋的时候，才能安安静静地坐上一两个小时。

我们常常把为孩子“做什么”视为爱孩子的表现，但很多时候，父母“不做什么”才是爱孩子。如果非要做些什么，我认为父母唯一能做的，就是在孩子探索的过程中，帮他排除那些可能会遇到的危险。当他在遇到挫折向我们求助的时候，给予他必要的帮助和情感的支持，这样孩子的独立性才会得到培养，专注力也能得到充分发展。

打开家门，让孩子在大自然中发现“新大陆”

之前一个居住在小县城的朋友跟我聊天，聊到彼此的孩子时，她感叹道：“现在的孩子真可怜，连什么是‘跳皮筋’都不知道。每天进了教室就别想出来，除了体育课，孩子几乎没有在操场上奔跑的机会。”

想想我们小时候，下了课就一窝蜂般地冲出教室，女孩子跳绳，男孩子踢球，碰到大课间能玩儿出一身汗。放学后，大部分同学没有家长接，都是三三两两结伴回家。我最喜欢的就是夏天，回家的路两边长有沙棘、酸枣，还有野葡萄，一路上嘻嘻哈哈，边走边吃。

再看看现在的孩子，确实有些可怜，他们就像被圈养的金丝雀，被紧紧囚禁在钢筋混凝土构筑的高楼以及防盗门里，整天生活在电视、电子游戏、电脑所制造出来的“虚拟空间”中，虽然不愁吃穿，但是他们离蓝天、阳光、花草、动物即大自然越来越远。

而造成这种现象的根本原因，其实还在于家长。学校为什么不肯放孩子自由活动呢？原因在于，现在的孩子都是家里的“小公主”“小太阳”，稍微出了点儿问题，父母就会找到学校追究责任，所以学校不得不选择跟家长站在同一条战线上，集体维护孩子的“安全”。不仅仅是朋友所居住的小县城如此，就算大城市，也依旧如此。

上海大自然野生昆虫馆曾推出会员制，即买一张价值 100 元的年卡，可在 1 年内不限次数进馆参观。活动推出后，年卡倒是售出去不少，但使用情况却有些惨淡。最后经过统计，在办年卡的会员中，有一半以上的孩子只参观过一次，有近5%的孩子，购买了年卡，却从来没有踏进过昆虫馆的大门。

而那些来到昆虫馆的孩子，能够真正去观察昆虫、研究昆虫的孩子，一只手就能数过来。馆长发现，大部分孩子来参观时，家长都会在一旁对他们说："昆虫太脏了，不要随便碰。""太丑了，不要看。"只有极少数的家长，会陪着孩子一起参观并探讨，还会帮助孩子用小纸条做记录。

这家野生昆虫馆原本是希望更多的都市孩子走出水泥建筑，但鉴于孩子们对自然的冷淡，昆虫馆只好重新布置。馆内大部分的小动物，除了留下活体昆虫、两栖爬虫类和小型哺乳动物外，其他均为龙猫、土拨鼠等"城市宠物"。

现在的孩子，尤其是居住在城市里的孩子，跟大自然亲密接触的机会真的是太少了。有位教育家说过："大自然是世界上最有趣的教师，它的教益无穷无尽，然而，世界上有很多孩子却没有机会与这位大教师亲近，实在遗憾。"哈佛素质教育者也认为：世界上再没有比大自然更好的教师了，它能教给你无穷无尽知识，想象力就来自于与大自然的亲密接触中。

我认为，比起人工智能，大自然能够带给孩子无穷无尽的探索乐趣。在大自然中，孩子可以通过观察动物、植物以及探索天文地理来获得知识；他们可以通过看、嗅、触摸、把玩、探索不同的对象，学会观察、比较、分类；还可以通过与花草、树木、鸟虫等生物的共处中，培养其爱心及尊重生命的观念。

更加重要的是，大自然是无限广大的，孩子在自然界中，总能发现更多新奇事物，而这会调动起他们的内驱力，让他们拥有更多的热情去探索自然，增长见识。

因此，每次孩子们放假，我都会带他们到乡下的爷爷奶奶家住一段时间。我家大女儿小时候并不愿意回乡下，因为她觉得那里到处是泥洼，没有网络电视，也没有商场和游乐园。直到有一次，我们在晒谷场上看到了流星雨，大女儿才发现原来乡下这么美，从那以后她似乎“换”了一双眼睛。

她会在大清早把我从床上拉起来，就为了去看看屋后杂草上晶莹的露珠。她说，之前看书上写露珠有多么美，自己还不以为然，现在亲眼所见了，发现比书上写得美一万倍。她还会在黄昏之际拉我爬上半山腰，因为落日余晖下的湖水，就像是披上了一件金纱，美得十分妖艳。而这也成了大女儿后来爱上画画的原因。房前屋后的小花，草丛里的蜗牛，都会令大女儿生出“画下来”的欲望。每次回到爷爷奶奶家，她的包中必备素描本。

小女儿则不同，她从大自然中得到的，更多的是生物知识。

从小，小女儿就很喜欢回乡下，因为奶奶家的院子里养着鸡和鸭，还养着小狗和兔子。光看爷爷给鸡剁草吃，小女儿就能看上许久，然后边看边问：“爷爷，鸡吃东西为什么要摇着头吃？”“爷爷，鸡吃肉肉吗？”“爷爷，咱们家的鸡蛋里为什么孵不出小鸡？”……有的问题可以从爷爷这里找到答案，有的问题，她就会记下来，然后从书中去寻找答案。

有一次，我逗邻居家的小孩儿玩儿，正唱着“小白兔，白又白”的儿歌呢，小女儿突然说我唱错了，因为小兔子不喜欢吃萝卜和青菜，小兔子最喜欢吃草。而这个结论，是她在给奶奶家的小兔子喂食时发现的，每次她给小兔子喂萝卜和青菜，小兔子都不怎么爱吃。但如果她拔了草喂小兔子，尤其是那种会流“奶”的草，小兔子就吃得十分开心。

“会不会是奶奶家的小兔子口味独特呢？”我问她，毕竟个例代表不了所有。小女儿却说：“所有的兔子都这样，奶奶家的五只兔子是这样，邻居张奶奶家的兔子也是这样。”

我没有想到，孩子不但自己发现了“真相”，还去验证了这个“真相”。没有人教她怎样去做，也没有人要求她必须怎么去做，这一切都是她自觉自发的行为。想到这里，我不禁感叹：美丽无比的大自然果然是培养孩子最丰富、最全面的教科书。

就在我写这本书的时候，得到了一个好消息。我所在的城市开了一个“自然补习班”，在这个补习班里，老师不教算术，也不教语文，而是教孩子们怎样种地，教孩子们怎样孵小鸡，还会带着孩子去“秋收”，亲眼见证麦子是怎样变成大馒头的……这个自然补习班还上了《人民日报》，被“点名表扬”。这说明了无论是从国家角度，还是从社会角度，都越来越重视孩子们的“自然教育”了。

我相信，“自然缺失症”会成为过去时，越来越多的父母会意识到大自然的力量，将孩子“放回”自然当中。林间奔跑的孩子会越来越多，他们会开心地去捡拾一片落叶，会兴奋地去看一只跳跃的蛐蛐。在接触大自然的过程中，他们的求知欲会得到满足，他们的体魄能得到增强，他们的智慧也能够得到启迪。